中西古代史學比較

중국과 서양의 고대사학 비교

두유운 지음

이준희 옮김

어문학사

역자 서문

이 책의 원저인 『中西古代史學比較』(1988)는 역자가 1988년 대만의 국립정치대학 역사학과 박사과정 첫 학기에 수강한 두유운(杜維運) 교수 강좌의 중요 참고서였다. 두유운 교수는 사학방법론과 사학사 등에 오랫동안 천착해온 분으로 학문적 성취가 탁월하고, 인간적인 품격이 고매한 분으로 아주 유명하다. 역자는 그때의 인연으로 이 책을 번역 출간하게 되었다.

사학이란 역사가 어떻게 되어 왔고 어떻게 쓰여 있는지, 곧 역사적 기록의 역사를 연구하는 학문으로, 인류가 과거에 경험한 제반 활동에 대해 역사적 진실 규명과 그 관련성을 추구하는 학문이다.

이 책에는 중국과 서양의 고대 사학에서 불후의 명저라 할 수 있는 대표적인 역사서들이 어떤 과정을 거치면서 저술되었는지, 당시 역사가들이 어떤 노력과 고초를 겪으면서 역사 저술을 완성했는지, 저술에 있어서 어떤 사학의 원리가 적용되고 생성되었는지 자세하게 소개했다.

중국은 고대로부터 신성하고 독립된 사관(史官)이 설치되어 '임금의 거동을 반드시 기록하고[君擧必書]', '법에 따라 숨김없이 기록하는[書法不隱]' 직서(直書)의 정신이 면면히 계승되고 발전되어 왔다. 『춘추』, 『사기』, 『한서』의 저술 동기는 교훈을 전하기 위해서이며, 또한 지난 일을 보존하기 위해서이다.

그리스시대에 헤로도토스는 『페르시아 전쟁사』를, 투키디데스는 『펠로폰네소스 전쟁사』를, 폴리비우스는 『히스토리아』를 저술했으며, 로마시대의 리비우스는 『로마사』를, 타키투스는 『로마 제국사』를 저술했다. 이러한 사학저술 역시 그 기본 정신은 진리탐구이며, 실용과 교훈의 가치를 강조했으며 역사를 본보기로 삼았다.

윈스턴 처칠은 "역사를 잊은 민족에게 미래는 없다(A nation that forgets its past has no future)"라고 일갈(一喝)했다. 역사에서 교훈을 얻어 생존의 역량을 길러야 함을 강조한 말이다. 이 책은 역사를 바라보는 안목을 길러주며, 역사 인물의 공과와 흥망성쇠를 판별하는 혜안을 밝혀준다. 나아가 현실정치에서 정치인과 고위 공직자의 인간 됨됨이와 능력, 처세(處世)를 분명하게 판별할 수 있게 해준다.

　"역사는 과거의 정치이며, 현재의 정치는 미래의 역사이다〔History is past politics, and present politics future history〕"라는 말처럼 역사는 과거의 정치상황을 참고하여 현실 정치를 올바른 방향으로 이끌고 미래에 대한 분명한 비전을 제시할 수 있게 해준다. 특히 오늘날 우리나라 사회 전반을 고려할 때 정치인, 공직자는 물론, 기업의 경영인, 교육자, 더구나 사건을 취재하고 보도하는 언론인에게 이책의 일독(一讀)을 권한다.

　사마천은 2천여 년 전에 이미 이러한 사실을 꿰뚫고 있었다. 그는 『춘추』를 예로 들어 이렇게 평가했다. 『춘추』의 대의는 '어지러운 세상을 수습하고 바로 돌려놓는' 것이다. 『춘추』의 대의가 행해지게 되면 곧 '천하의 난신적자들이 두려워하게 될 것이며, 의심나는 바는 구별하고, 시비는 밝히며, 결정하지 못하고 있는 것은 결정하게 하고, 선은 장려하고 악은 미워하며, 유능한 사람은 존중하고 못난 자는 물리치고, 부족한 곳은 채워 주고 못쓰게 된 것은 다시 일으켜 세우게 된다.'

　공자는 춘추시대의 혼란한 상황을 몸소 겪으면서 대의명분을 밝혀 천하의 질서를 바로잡으려 『춘추』를 저술했다. 『춘추』의 대의는 위정자가 지켜야 하는 사명이자 대원칙이다. 『춘추』의 대의를 통찰하면 군주는 군주다워지고, 신하는 신하다워지며, 아비는 아비다워지고, 자식은 자식다워져서 천하의 질서가 바로 잡히게 된다.

우리가 이 책을 읽어야 하는 까닭이 바로 여기에 있다.

이 책에서 일부 중국 고전의 번역은 기존의 번역문을 인용하거나 참고했음을 밝힌다.

2017년 1월
이준희

『중서 고대 사학의 비교』 서문

중국과 서양은 상고시대에는 아주 멀리 떨어져 있어서 서로가 보이지 않는 세계였다. 민족이 다르고 각자 처한 환경이 달랐지만 거의 동시대에 각기 찬란한 문화를 창조해 냈다. 중국 선진(先秦)의 성철(聖哲)들은 고대 그리스의 철학자들과 지혜를 겨룰 만했고, 양한(兩漢) 제국과 로마제국은 서로 대치하는 형세였다. 약간의 낭만적인 정감이 없었다면 그것이 진실한 것이라고 믿기 어려웠을 것이다. 문화가 찬란히 발전함에 따라 중국과 서양[이후 중서(中西)]의 사학(史學)이 서로 앞서거니 뒤서거니 하면서 그 사이를 비집고 나왔다. 인류 역사에서 대단히 귀중한 사학은 약속이나 한 듯이 세상의 양 극단에서 출현하여 각각 그 풍채를 드러냈으며, 둘 다 커다란 성취를 이루었다. 그 논리의 치밀함은 사람의 감탄을 자아내기에 충분하며 그 차이를 깊이 생각하게 한다. 양자를 서로 비교하는 것이야말로 학술적인 탐험에 다름 아니며, 시적인 정취마저 느끼게 한다. 본인은 학문을 연구하면서 비교하기를 즐겼는데, 특히 사학에 심취한 후 어느 정도 세월이 흐르자 중서(中西)의 고대 사학을 비교하고자 하는 기발한 생각을 하게 되었다. 다만 학문이 얕아서 전전긍긍하는 마음에 덧없이 시간만 흘러갔다. 문자 상의 간극으로 인해 고대 희랍어와 라틴어의 원문을 통해서 서양 고대 사학의 정수를 엿볼 수 없었으며, 다만 영역본에서 그 본질을 유추할 수밖에 없었던 점이 매우 유감스럽다. 서양 근대 역 사가들의 연구가 아주 중요한 근거가 되었는데, 뷰리(J. B. Bury, 1861-1927), 콜링우드(R. G. Collingwood, 1889-1943), 버터필드(Herbert Butterfield, 1901-1979), 모미글리아노(Arnaldo Momigliano, 1908-1987), 그랜트(Michael Grant, 1914-2004), 핀리(M. I. Finley, 1912-1986) 등 여러 학자들의 학설을 여러 차례 인용했다. 이러한 근거가 없었다면 아무리 사소한 부분일 지라도 함부로 결론을 내릴 수가 없었을 것이다. 중국과 관련해서는 능력이 미치는 데까지 선진(先秦)과 양한(兩漢)의 현존하는 전적들을 두루 열람하면서 중국 고대 사학의 전모를 헤아리고자 했다. 제대로 이치를 궁구하여 핵심을 도출해 냈는지는 감히 장담하지 못하겠다. 냉정하게 말해서 중서(中西)의 고대 사학을 나란히 놓고 비교하고 나 아가 훤히 꿰뚫어 알기가 아득하기만 하다.

　필자의 역사 연구는 본래 중국사에 국한되었는데, 서양사의 연구 방법을 터득한 것은 은사이신 수민(壽民) 류숭횡(柳崇鋐) 교수님의 가르침 덕분이었다. 30년 전에 은사께서 대만대학(臺灣大學) 역사학과에 「서양사학명저선독(西洋史學名著選讀)」이라는 강좌를 개설해 앨런 네빈스(Allan Nevins, 1890-1971)의 『역사입문(The Gateway to History)』을 상세히 평론하셨는데, 서양 사학의 깊고도 오묘함이 처음으로 눈앞에 펼쳐졌었다. 지금 은사께서 세수 90세로서 기품 있게 장수하시니, 이 책을 은사님께 바쳐 스승의 은혜에 만분의 일이라도 보답하고자 한다.

동료 학자인 장춘수(張春樹), 왕영조(汪榮祖), 형의전(邢義田), 황진흥(黃進興) 등 여러 분께서 모두 이 책에 도움을 주셨다. 왕영조 교수는 역사 연구에 있어서 나와 관심 분야가 비슷하고 또 수십 년을 교류하면서 필자가 중서(中西)의 사학을 비교 연구하는 대업을 이루는 데 격려해 주었으며, 아울러 서양 사학에 관한 새로운 서적들을 선물하곤 했다. 형의전 교수는 양한사(兩漢史)와 로마사를 연구했는데, 하와이 대학에 유학하면서 이따금 장문의 편지로 중서(中西)의 고대 사학 비교의 문제에 대해서 토론하곤 했다. 황진흥 교수는 서양사를 목숨처럼 귀하게 여겼으며, 하버드 대학에 유학할 때 사학에 관련된 새로운 서적이 출판되면 거금을 아끼지 않고 구입하여 보내 주었다. 장춘수 교수는 동갑내기 오랜 친구로 만날 때는 술잔을 들고서 학문을 토론했으며 헤어져서는 서신으로 회포를 풀었다. 근래에는 세터스(John von Setters)의 『역사탐색 – 고대세계의 사학과 성경사의 기원(In Search of History – Historiography in the Ancient World and the Origins of Biblical History)』이라는 책을 보내 주었는데, 이 책이야말로 본서와 아주 밀접한 관계가 있음에도 필자는 그 책의 존재조차 모르고 있었으니, 그 유감을 어찌 말로 다 표현할 수 있으리오! 지금 이 책에 부끄러움을 적으며 아울러 친우의 따뜻한 배려에 고마움을 전한다.

1988년 7월 청도루(聽濤樓)에서 서문을 쓰다.

제1장

개론(概論)

역사가 발생하고 성장한 곳이라고 해서 반드시 사학이 있는 것은 아니다. 이집트, 인도, 바빌론은 모두 고대의 문명국이었지만 사학이라 할 만한 것이 없었다.[1] 유구한 역사에서 비롯되어 면면히 이어져 온 사학은 인류 문화사에 있어서 지극히 소중하게 여길 만한 발전이다. 중국은 상고시대 이래 사학이 계속해서 발전해 왔으며, 2천여 년 동안 단 하루도 끊어진 적이 없었고 그 여력은 다시 인근 국가의 사학을 개척했다. 한국, 일본, 베트남 등 국가들 중에는 사학에서 중국 사학의 영향을 받지 않은 곳이 없었다.[2] 서방 세계에서는 그리스 시대부터 시작해서 로마 시대와 중세 및 문예부흥을 거쳐 근대에 이르기까지 사학이 하나의 찬란한 학문으로 발전했는데, 독일, 이탈리아, 영국, 프랑스, 미국 등의 사학은 모두 이 사학의 계통에 속한다. 그래서

---

1 沈剛伯은 그의 논문 「古代中西史學的異同」에서 다음과 같이 말했다. "고대의 민족, 즉 이집트, 수메르(Sumer)인, 바빌론, 앗시리아, 히브리인과 페르시아 등은 각종의 적지 않은 문자 기록을 남겼으나, 이러한 것은 모두 그들의 역사 기록일 뿐이며, 그들의 사학이라고는 말할 수 없다. 고대에, 사학이 있은 곳은 오직 동방의 중국과 서방의 그리스 뿐이다." 『沈剛伯先生文集』(臺北: 中央日報, 1982)에 수록; 원래는 1964년 10월 12일 『徵信新聞』에 게재. Herbert Butterfield, *The Origins of History*, 1981, p. 208: "Some countries and civilizations, of which India is the most important, did not previously have what we should today call a historiography."

2 朱雲影, 「中國史學對於日韓越的影響」(『大陸雜誌』 제24권 제9, 10, 11기, 1962. 5 - 6.) 참고.

중국 사학과 서양 사학은 세계 사학의 최대 유산임에 틀림없다.[3]

　세계 양대 계통인 중국과 서양 사학은 서로 다른 문화에서 나온 산물로, 서로가 단절되어 아무런 소통 없이 각기 독자적으로 2천여 년 동안 발전해 왔다. 19세기 중엽 이전까지 중국 사학은 독자적으로 좁은 길을 헤쳐 왔으며, 서양 사학으로부터 어떠한 영향도 받지 않았다. 중국 사학 역시 서양의 영토에 유입된 적이 없었다.[4] 서로가 아득히 멀리 떨어진 중서 사학을 비교하면서 마주하는 어려움과 발생되는 견강부회(牽强附會)가 짐작되는 대목이다. "만약 동양의 학자가 서양 사학으로부터 계시를 받는다면, 그러면 서양 학자는 그가 동양을 이해할 때까지 그가 직면해야 하는 중요한 문제의 오묘함을 영원히 깨닫지 못할 것이다. 일단 우리는 우리 자신의 사상계를 초월하여 중서 양대 사학의 계통을 나란히 두고 관찰해 보면 중요한 차이점이 바로 남김없이 드러난다. 이 양대 문화는 역사와 전통에 대하여 모두 두려울 만큼의 선입견을 가지고 있다. 양자의 역사 정신은 서로가 너무 다르며, 양자의 사상 계통[서로가 너무나 다른 계통]은 너무 복잡하다."[5]

---

3 중국 사학과 서양 사학 외에 세상에는 기타의 사학이 존재하는데, 예를 들면 아랍 사학이 그 중의 하나이다. 하지만 모두 중서 사학과 대등한 위치에 있지는 않다.

4 杜維運, 「西方史學輸入中國考」(『臺灣大學歷史系學報』 제3기, 1976. 5.) 참고. 이 논문에서 서양 사학의 도입을 대체로 청조가 끝나가는 10여 년 동안이라고 단정했는데, 근래에는 그 시기를 조금 앞당기는 것이 비교적 타당하다고 생각된다.

5 Herbert Butterfield, History and Man's Attitude to the Past, in *Listener*, 21 September, 1961:
　"But if the oriental student may gain hints from Western historiography, the Western student can never learn the profundity of the problems that he has to face until he acquaints himself with the East. It is when we try to transcend our own circle of ideas, and see, standing side by side, the two great systems of historical scholarship – the Western and the

한 서양 학자가 이렇게 말했는데 이는 지나치게 과장된 것은 아니다. 그래서 중서 사학을 비교하는 여론에 찬성하고 반대하는 일은 매우 번잡하다. 어떤 이는 이렇게 말한다. "중국의 풍부한 역사 전적(典籍)들은 마치 관료들에게 가끔씩 참고하도록 비치되어 있는 것이지 많은 대중들에게 주어지는 보통의 읽을거리는 아닌 듯하다. 서양 사학이 랑케(Ranke)의 건전한 지침에서 벗어나는 때가 이와 동일한 노선을 벗어나는 것이 아닌가라고 나는 늘 회의하곤 한다. 여기에는 아마도 왜 서양학자가 동양을 살펴야 하는가라는 더욱 진일보한 원인이 있을 것이다. 동양 학자들은 아마 나를 용인하지 못하겠지만, 만약에 내가 서양 학자는 오로지 사학이 어떻게 길을 잘못 들 수 있는지를 알기 위해서 반드시 중국의 경우를 주시해야 한다고 말한다면 그들은 나를 이해할 것이다."[6] 나중에는 또 이렇게 말한다. "역사 저술은 그 전통이 형성된 장구한 세월 동안 중국과 서양이 단절된 채 완전히 각자 따로 발전하여 '편협'의 극단으로 치우쳤다. 같은 이유로 중국의 저술들은 서양 사학 발전의 한 요인이 되지 못한다. 하지만, 이러한 것들이 모두 중

Chinese — that the basic issues become apparent. These two civilizations are remarkable for their tremendous preoccupation with history and tradition: yet two vastly different historical mentalities are involved, and two complicated systems (vastly different systems) of ideas."

6 Ibid.:

"In all its copiousness, it seemed intended more for a bureaucrat to refer to on special occasions than as general reading for a wider public. I sometimes wonder whether Western historiography, as it breaks away from some of the healthy teaching of Ranke, is not moving in the same direction. Here it perhaps a further reason why the Western student should examine the East. Orientalists may not forgive me, but they will understand me, if I say that the Western student ought to look to China if only in order to learn how historical scholarship may go wrong."

국의 성취가 우리에게 조금도 중요하지 않다고 하는 것은 아니다. 역사 저술의 기원을 인류 초기의 신앙과 연결시키고 또 민족의 역사적 경험과 연계시키고자 하면, 이것은 비교적 기초적인 일례로서 비교적 깊은 수준까지 토론할 수 있다."[7] "중국의 자연과학이나 사학 중 어느 것이든 유럽의 그것과 비교하는 일이 세계사 연구에 있어서 적절한 기점이다. 비록 이 두 전통이 기원과 성장에 있어서 각기 독립적이지만, 피차 소통할 수 없을 만큼 그렇게 격리되어 있었던 것은 아니다. 만약에 서양인이 중국 사학의 섬세한 부분들을 놓친다고는 하더라도 그들은 또한 그 뛰어난 점을 알아볼 수는 있다. 이 두 계통 사이의 차이점을 살펴보려는 시도는 우리들로 하여금 '세계사(Universal History)'의 특질을 통찰하게 할 수 있게 하고 또한 문화의 비교연구 속에 내재된 의미를 살펴보게 할 수도 있다."[8] 전자는 중국 사학이 길을 잘못 들어 서

---

7 Herbert Butterfield, *The Origins of History*, p. 139:
  "During the long period in which the tradition of its historical writing was taking shape, China was so cut off from the West that it took an entirely independent course, achieving the extreme of what we call 'insularity'. For the same reason the productions of the Chinese are not a factor in the development of Western historiography. Yet all this does not make the Chinese achievement a whit less important to us. Those who try to relate the rise of historical writing to men's early beliefs, and to the historic experience of the nations concerned, will find in this example a basis for comparisons which carry the argument to a deeper level. In such a matter it is possible that one can never properly envisage one's own tradition until one has found another with which to make comparison and contrast."

8 Ibid.:
  "A comparison of either the natural science or the historiography of China with that of Europe is an appropriate starting – point for this kind of investigation. Though the two traditions are independent in both their origin and their growth, they are not so locked away from one another as to be incapable of intercommunication. If the Westerner may miss some of the subtleties of Chinese historiography, he can also recognize some of its beauties. An attempt to see what lies behind the differences between the two systems may give us

양이 중국 사학으로부터 이로운 점을 취할 수가 없어서 서양 사학과의 비교 연구는 자연히 필요가 없다고 생각한다. 후자는 중서 사학 비교 연구의 중요성을 완전히 인정하고 아울러 세계사 연구의 기점이라고 생각한다. 한 사람의 의견이 전후가 이처럼 다르며, 기타 무조건 찬성하거나 혹은 완전히 반대하는 사람들은 자연히 양자 사이에서 의견이 분분하다.

"역사 탐색(historical investigation)이 지성에 호소하는 곳에서는 어디서나 거의 항상 다른 시대와의 비교가 함축되어 있는데 주로 우리 자신의 시대와 비교하며, 다른 지역과도 비교하는데 주로 외국과 비교한다."[9] 비교 방법이 역사 연구를 하면서 생성된 중대한 작용임을 부인하기는 어렵다. 중서 사학은 따로 2천여 년을 발전해 오면서 그 차이가 엄청나게 다른 것도 있고, 또한 멀리 떨어져 있어도 서로가 완전히 부합하는 것도 있다. 그 차이가 엄청나게 다른 것은 서로 토론하고 연구하여 향상시키며 서로가 보완하면서 사학의 내용이 그로 인하여 풍부해진다. 멀리 떨어져 있어도 서로가 완전히 부합하는 것은 일종의 우연이라고 단순하게 해석해서는 안되며, 인류 지혜의 공동 성과로서 이러한 공동 성과는 종종 사학에 있어서 절대 뒤엎을 수 없는 진

---

an insight into the nature of 'Universal History' and a glimpse of what is involved in the comparative study of civilizations. "

9 M. M. Postan, *Fact and Relevance*, Essays on Historical Method, 1971, p. 20:
   "Wherever historical investigation makes an appeal to intelligence, there is almost always an implied comparison with some other epoch, mostly our own, and an implied comparison with other places, mostly foreign. "

리가 존재하는 곳이다.[10] 그래서 중서 사학을 비교하여, 양자를 하나의 용광로에 녹여낼 수 있다면 양자를 초월하는 세계성의 신사학(新史學)을 창조해 낼 수 있을 것이다. 학술에 있어서 이처럼 성대한 사업이 어디에 또 있겠는가?!

중서 고대 사학의 비교는 중서 사학의 비교 연구에 있어서 특별히 가장 중요한 역할을 담당한다. 사학의 기원과 사학 원리의 발견 등 사학사에 있어서의 중대한 문제를 연구하려면, 중서 고대 사학에서부터 비교하지 않으면 감탄할 만한 결론을 얻을 수가 없다. 서양에는 중서 비교를 반대하는 학자가 있는데 유일하게 비교할 수 있다고 여기는 것은 서양과 초기의 중국이다.[11] 중국 쪽에는 이미 중서 고대 사학의 이동(異同)에 대해 초보적으로 비교한 학자가 있다.[12] 중서 고대 사학의 성대한 잔치는 지금이야말로 새로운 시발점임이 분명하다.

본서에서 말하는 중서 고대 사학이란, 중국은 선진(先秦)과 양한(兩漢)의 사학을 가리키며, 서양은 그리스와 로마의 사학을 지칭한 것이다. 지금부터 사학의 기원에서부터, 사학 원리의 발견 성과와 사학

---

10 杜維運, 『史學方法論』 제22장 「比較史學與世界史學」(臺北: 三民書局, 1979년 초판, 1987년 증보9판) 참고.

11 Herbert Butterfield, *The Origins of History*, p. 153:
"Some scholars have suggested that, since China stood alone, locked away from other countries and other civilizations of the world, her students of public affairs were unable to compare conditions of other lands. The only comparison they could make was with the China of former periods, or with what they thought had existed in earlier times."

12 은사이신 沈剛伯선생의 「古代中西史學的異同」과 「古代中西的史學及其異同」이라는 2편의 논문은 모두 강연 내용이 논문의 형태로 편집되어 『沈剛伯先生文集』에 수록되었다.

저술의 업적 등을 비교해 보고자 한다. 우견(愚見)이나마 낼 수 있을지 감히 장담은 못하지만, 다만 마음을 가라앉히고 중서 고대 사학의 이동(異同)을 살펴보고자 하는 고민을 국내의 모든 분들께 토로하는 바이다.

제2장

사학의 기원 비교

사학의 기원은 사학사 연구에 있어서 가장 중요한 문제 가운데 하나이다. 인류는 왜 과거에 대해서 관심을 가지며 나아가 과거의 일을 기록하기 시작했을까? 사학의 출현은 이와 가장 밀접한 관련이 있다. 이것이 바로 서양 역사가가 열렬히 칭송하는 역사 관념(Historical mindedness)이다. 서양 역사가는 하나의 문화에 매우 높은 평가를 부여했는데, 항상 과학적 특성과 역사 관념 이 둘을 표준으로 삼았다. 게다가 그들은 일제히 서양 문화가 과학적 특성 외에 역사 관념을 가장 풍부하게 갖추었다고 대단히 긍정적으로 생각한다.

"서양인은 항상 역사 관념이 풍부하며, 이러한 특징은 지난 2세기 동안 더욱 두드러졌다."[1] "다른 문화와 달리 우리의 문화는 항상 과거를 극단적으로 주목해 왔다. ……우리의 시조인 그리스인과 로마인은 역사를 기록하는 민족(history-writing peoples)에 속한다. 기독교는 역사가의 종교이다."[2] "우리는 '마침 세계사의 시대로 진입하고 있고',

---

1 J. R. Strayer가 Marc Bloch(1886 - 1944)의 『史學家技術(The Historian's Craft)』의 「서문(Introduction)」을 쓰면서 강조했다. Marc Bloch, The Historian's Craft, 1954, p. vii:
  "Western man has always been historically minded, and this trait has been accentuated during the last two centuries."
2 Marc Bloch, The Historian's Craft, p. 4:

서양 문화는 현재 이미 전 세계로 파급되었으며, 과학적 방법이나 역사의 전문 연구(the professional study of history)는 이미 더 이상 유럽과 미주의 지적 전유물(intellectual monopolies)이 아니다. 오로지 역사의식(historical consciousness)[3] 만이 여전히 '서양의 것'임이 분명하다."[4] "서양 사회는 언제나 역사 관념이 풍부하고 과거의 문헌을 상당히 보유하고 있는데, 그 성질과 수량에 있어서 이미 알려진 어떤 다른 문화가 보존하고 있는 것과는 다르다. 이와 같은 기본적인 역량은 그리스의 천재로부터 나왔다. 그 다음 요인으로는 기독교의 영향이다. 기독교는 시종 역사의식을 함축하고 있는데, 이는 불교와 바라문교 혹은 고금을 막론한 어떤 여타 동양의 종교와는 다르다."[5] "오직 유대와 그리스에 기원하는 문화만이 역사가 중요시된다."[6] "서양 문화는 유대

"Unlike others, our civilization has always been extremely attentive to its past. … Our first masters, the Greeks and the Romans, were history — writing peoples. Christianity is a religion of historians."

3 'historical consciousness'와 'historical mindedness'는 그 뜻이 아주 비슷하다.

4 John Lukacs, *Historical Consciousness*, 1968, p. 23:
  "'We are entering the age of universal history.' Western civilization has now spread all over the world; neither the scientific method nor the professional study of history are any longer European and American intellectual monopolies. Yet historical consciousness is still something specifically 'Western'."

5 J. W. Thompson, *Preface to A History of Historical Writing*, 1942, p. vii:
  "Western society has always been historically minded, and possesses a mass of literary evidence on its past which differs in quality and quantity from that of any other culture known. The primary force in this direction came from the Greek genius. The next factor has been the influence of Christianity, which has always been history — conscious, unlike Buddhism and Brahmanism, or any other oriental religion, ancient or modern. Finally, the advance of modern science and the material progress achieved in the last two centuries have profoundly affected the thinking of the Western world."

6 G. R. Elton, *The Practice of History*, 1967, p. 12:

기독교로부터 일종의 특별히 강렬한 역사의식을 계승했다."[7] 갖가지
이와 유사한 논조는 셀 수 없이 많다. 그들은 기독교와 그 시조인 그
리스 로마인이라는 두 가지 측면에서 서양 문화가 세계 문화사에 있
어서 역사 관념이 가장 풍부하다는 것을 부연해서 설명한다. 하지만
그들 역시 항상 말하곤 한다. "서양인은 19세기에 이미 역사 관념이
풍부해졌는데, 이는 마치 17세기에 이미 과학 관념이 풍부해졌던 것
과 마찬가지이다."[8] "지난 3-4세기 동안 우리 문화의 가장 중요한 발
전은 과학적 방법의 응용뿐만이 아니라 동시에 역사의식의 성장이었
다."[9] "서구 유럽의 1450년부터 1850년까지의 문화보다 역사 관념이
더욱 풍부한 문화는 없다."[10] "많은 초기의 편년사(annals)들은 과거로
회귀하려는 동기에서 비롯된 것이 아니라, 오직 군왕을 위해 자신들의
기억을 미래에 남겨두기 위해서였을 뿐이다. 메소포타미아에서 그런

"Only in the civilization looks back to the Jews and Greeks was history ever a main concern."

7 Arthur Marwick, *The Nature of History*, 1970, p. 13:
   "Our own Western civilization has inherited from Judaeo – Christianity a particularly strong sense of history."

8 Alan Richardson, *History Sacred and Profane*, 1964, p. 103:
   "Western man became historically – minded in the nineteenth century, as in the seventeenth century he had become scientifically – minded."

9 John Lukacs, *Historical Consciousness*, p. 5:
   "I believe that the most important developments in our civilization during the last three or four centuries include not only the applications of the scientific method but also the growth of a historical consciousness."

10 Herbert Butterfield, History and Man's Attitude to the Past, in *Listener*, 21 September, 1961:
    "I believe that no other civilization became historically minded in the way that western Europe did between 1450 and 1850."

풍조가 유행하여 모든 일을 상세히 설명하여 전부 그 연원을 탐구했는데, 이는 실로 역사를 사실대로 기록하는 강력한 원동력이 되었다. 그래서 바빌론에서 우주 창조의 스토리, 홍수의 스토리와 바벨탑의 스토리가 나오게 되었다. 서양과 동양에서 역사는 대부분 그 공로가 역법(曆法)을 관리하는 관리에게 돌아갔다. 이런 관리들은 모두 의미 있는 중요한 사건의 날짜를 기록한다. 동양에서 역사는 특별히 비서의 부류에 의존했는데 그들은 순전히 상업적인 목적으로 기록을 남겼으며, 초창기에는 역사를 면면히 전해주기 위함이 아니었다."[11] "서양에서 가장 먼저 역사 문헌을 발전시킨 사람은 대 군사 제국의 지도자였는데, 그들은 그들의 현재를 기록하고 그들 자신을 기록했으며, 전쟁에서의 승리와 기타 공적이 영원히 후대에 기억되기를 희망했다.……서양에서 초기에 남겨진 대량의 역사 문헌은 과거에 대해 관심이 있는 사람들의 작품이 아니라, 오로지 그들의 업적이 후세에 영원히 전해지기를 갈망했던 것으로 이러한 추세는 최소한 천년 동안이나 지속되었다."[12] 이렇게 보면 서양의 역사가는 15세기 이후의 서양 문화가

---

11 Ibid.:

"Many of the early annals did not spring from any urge to recover the past… they were really attempts on the part of monarchs to perpetuate their memory in the future. In Mesopotamia there developed a tendency to explain things by inquiring into their origins. This was to become a powerful motor behind historical writing, and in Babylon it led to the stories of the creation, the Flood, and the Tower of Babel. In both the Western world and in the Orient, history owed much to the officer who had charge of the Calendar and who entered on its pages the dates of significant events. Particularly in the East it owed much to a kind of secretary who kept records for business purposes and not at all, at first, for historical reason."

12 Herbert Butterfield, Universal History and the Comparative Study of Civilization, in Sir

역사 관념이 가장 풍부했다고 인식하고 있다. 동시에 많은 초기의 편년사들이 과거로 회귀하고자 하는 동기에서 비롯된 것이 아니며, 서양에서 가장 먼저 남겨진 많은 역사 문헌은 과거에 관심을 가진 사람들의 작품이 아니다. "역사 기록을 부추긴 것은 처음에는 과거 자체에 흥미를 느낀 것이 아니며, 이른바 역사적인 것에 대한 관심도 아니다."[13] 서양 문화 중의 역사 관념은 어디에서 그 근원을 찾을 것인가? 서양이 세상에 자랑스럽게 여기는 시조인 그리스인과 로마인은 비록 역사를 기록하는 민족에 속하긴 하지만, 서양 역사가의 심중에는 "아시아 고대문화와 마찬가지로 그리스·로마의 고전 문화는 기본적으로 비역사적(unhistorical)이다. 우리는 역사의 아버지라는 헤로도토스(Herodotus)에게 계승자가 거의 없다는 것을 이미 알고 있으며, 고전 작가들(the writers of classical antiquity)은 대체적으로 미래와 과거에 대해 그다지 관심이 없었다. 투키디데스(Thucydides)는 자신이 묘사하고 있는 사건의 이전과 이후에 무슨 일이 발생했는지는 모두 의미가

Herbert Butterfield, Cho Yun Hsu and William H. McNeil on *Chinese and World History*, 1971, p. 19:
"The first people who developed historical literature were the leaders of great military empires who wrote about their own present times, wrote about themselves – they were monarchs who wanted their victories in war to be remembered by future generations... The first big body of historical literature in my region of the globe was the work of people not interested in the past at all – they were just anxious that their own deeds, their own successes, should be remembered by future generations. And that was the situation for at least a thousand years."

13 Herbert Butterfield, *The History of the East, in History*, vol. XLVII, No. 160, June, 1962, p. 161:
"The stimulus behind historical records is at first not an interest in the past as such ⋯ not an interest that we should call historical."

없다고 여겼다."[14] "당시 그리스 사상은 반역사적 추세(anti-historical tendency) 속에 가두어져 있었다. 천재인 헤로도토스는 그러한 추세를 이겨냈으나, 그의 후대에는 영원불변한 지적 대상에 대한 탐구가 점차로 역사의식을 억압했다."[15] "그리스 철학자들의 눈에 역사는 마치 야심만만하고 격정적이며 일시적이고 허황한 세계에서 비롯된 것 같았으며, 철학은 바로 사람을 이런 세계로부터 자유롭게 하려는 것처럼 보였다. 기원전 1세기에 포시도니우스(Posidonius)라는 한 철학자만이 직접 역사를 서술하며 그것을 즐거워했는데, 이는 충분히 예외적으로 불가사의한 것이었다. 철학이 역사가들에게 가한 이런 스트레스는 일찍이 일부 역사가들로 하여금 그들의 역사 저술을 철학 소설처럼 꾸미게끔 만들었다."[16] "신플라톤주의자들(Neo-Platonists)의 최후의 일

---

14 E. H. Carr, *What is History*, 1961, p. 103 – 104:
  "Like the ancient civilization of Asia, the classical civilization of Greece and Rome was basically unhistorical. As we have already seen, Herodotus as the father of history had few children; and the writers of classical antiquity were on the whole as little concerned with the future as with the past. Thucydides believed that nothing significant had happened in time before the events which he describe, and that nothing significant was likely to happen thereafter.
  유사한 의견은 R. G. Collingwood, *The Idea of History*, 1946, p. 25 – 29에서도 보인다.

15 R. G. Collingwood, *The Idea of History*, p. 29.
  "The Greek mind tended to harden and narrow itself in its anti – historical tendency. The genius of Herodotus triumphed over that tendency, but after him the search for unchangeable and eternal objects of knowledge gradually stifled the historical consciousness."

16 Arnaldo Momigliano, *History and Biography*, in Moses Finley, ed., *The Legacy of Greece: A New Appraisal*, 1980, p. 163:
  "History seemed to philosophers to be rooted in that transient world of ambitions and passions from which philosophy was supposed to liberate man. A philosopher directly involved in history – writing and obviously enjoying it, like Posidonius in the first century

인에 이르기까지 모든 그리스철학자들은 역사에 무관심했다는 점에서 분명히 일치한다."[17] "고대 그리스에 역사가는 없었으며, 그런 의미에서 오직 예술가와 철학자들만 있었을 뿐 역사 연구에 필생의 정력을 쏟은 사람이 없었다. 역사가는 단지 그 시대의 자서전 작가일 따름으로 직업이라고 할 수도 없다고 말해도 무방하다."[18] 그리스와 로마에서 "역사는 교육에 있어서 입지도 확고하지 않았으며 역사 교수도 없었다. …… 교육 수양이 된 사람은 철학에 쏠렸으며, 교육 수양이 얕은 사람은 마법과 미스터리 숭배에 이끌렸다."[19] 그리스 사상은 반역사의 추세 속에 가두어져 있었으며, 그리스 철학자들은 일제히 역사에 관심을 가지지 않았다. 역사 연구에 필생의 정력을 쏟은 사람도 없었으며, 역사는 교육에 있어서도 확고한 위상을 차지하지 못했다. 이러한 그리스 문화는 로마 문화에까지 파급되어 기본적으로 비역사적이며

B.C., is sufficiently exceptional as to become mysterious. The pressure of philosophy on historians induced some of them to turn historical books into philosophical novels."
중국어 번역문은 邢義田 역, 「歷史與傳記 - 古代希臘史學新佔」 참고. 『史學評論』 제7기, 1984. 4; 邢義田 역저, 『西洋古代史參考資料』 (1), 聯經出版公司, 1987년에 수록.

17 M. I. Finley, *The Use and Abuse of History*, 1971, p. 12:
"All Greek philosophers, to the last of the Neo - Platonists, were evidently agreed in their indifference to history."

18 R. G. Collingwood, *The Idea of History*, p. 27:
"One might almost say that in ancient Greece there were no historians in the sense in which there were artists and philosophers; there were no people who devoted their lives to the study of history; the historian was only the autobiographer of his generation and autobiography is not a profession."

19 Arnaldo Momigliano, *Essays in Ancient & Modern Historiography*, 1977, p. 174:
"History had no definite place in education, and there was no professor of history. ⋯ The educated man turned to philosophy and the less educated to magic and mystery cults."

역사의 관념이라고는 전무했다.[20] 천재 헤로도토스는 이러한 주위 환경을 이겨내고 역사를 창조했는데,[21] 기원전 5세기에 그리스 사학을 창조했으나, 기원전 4세기에 그가 창조한 사학은 바로 중단되었다.[22] 그래서 한 서양의 역사가는 그리스 사학의 위상을 평론하면서 이렇게 말했다. "사실 그리스 사학은 여태껏 철학이나 종교로 대체된 적이 없었으며, 또한 후자 들에게 전적으로 받아들여진 적도 없었다. 그리스인들 사이에서 사학이 진정으로 확실한 위상을 차지했던 적이 없었다."[23] 서양이 자랑스러워하는 서양 사학의 요람인 그리스 사학의 위상이 이처럼 보잘 것 없었다는 것은 놀라운 현상이다. 사학의 위상이 보잘 것 없었던 이유는 그리스 문화 가운데 역사 관념이 없었기 때문이다. 그러면 사학의 기원이라는 이 문제를 논의하는 데 있어, 서양에는 또 우리를 흥분시킬 만한 어떤 발견이 있을까?

　'역사 사상의 발흥'을 연구하고,[24] 인류의 '과거에 대한 의식의 발

20 Herbert Butterfield, *The Origins of History*, p. 118 참조.

21 서양 사학계는 그리스인이 역사를 창조했다는 것을 거의 일제히 인정했으며[J. B. Bury, *The Ancient Greek Historians*, 1909, p. 1; Michael Grant, *The Ancient Historians*, p. xiii; M. I. Finley, *The Use and Abuse of History*, p. 11], 또한 헤로도토스를 역사의 아버지로 추대했는데, 헤로도토스가 역사의 아버지라 말한 것이 잘못된 것은 아닌 듯하다.

22 Herbert Butterfield, *The Origins of History*, p. 118; R. G. Collingwood, *The Idea of History*, p. 25 – 29; E. H. Carr, *What is History*, p. 103 – 104 참조.

23 Arnaldo Momigliano, *History and Biography*, p. 182:
"The fact is that Greek historiography never replaced philosophy or religion and was never wholeheartedly accepted by either. The status of historiography was never clearly settled among the Greeks."

24 Herbert Butterfield, The History of the East, in *History*, Vol. XLVII No. 160, June 1962, p. 158.

전'[25]을 연구하는 것이 바로 사학 연구의 기원인데 흥분할 만한 발견들(the exciting discoveries)은 중국으로부터 얻을 수 있었다.[26] "기록과 회고의 기원은 실로 역사와 인류학의 중대한 문제 가운데 하나이다."[27] 이 논제에 있어서 중국에서 나온 견해보다 더 중요한 것은 없다.

중국은 황제(黃帝) 이래로 사관(史官)을 설치했는데, 설령 조금 늦추어 말하더라도 삼대(三代)로부터 시작해서 중국에는 반드시 사관이 있었으며, 게다가 사관의 숫자도 상당히 많았다. 중앙에서부터 지방에까지 모두 사관을 설치했으며, 면면히 이어져 청대에 이르기까지 중국은 사관이 없었던 적이 없었다[중화민국은 예외다]. 이것은 세계 어느 나라 어느 민족에게도 없었던 일이다. 사관의 직무는 주로 기사(記事)였다. 상고시대의 사관은 직무가 자연히 몹시 번잡하여 거의 주술(呪術)과 기복(祈福) 사이에서 하늘과 사람 사이의 각종 사무를 관장했는데, 기사가 그들의 직무 중의 하나라는 것은 부인할 수 없다.[28]

---

25 Ibid.
26 Ibid., p. 160.
27 Ibid.:
"The origins of records and commemorations are one of the grand questions of history and anthropology."
28 근래 '사(史)'자의 함의와 사관의 직무에 관해 논의한 논문은 셀 수 없이 많다. 예를 들면 王國維의 「釋史」(『觀堂集林』권6); 劉師培의 「古學出於史官論」(『國粹學報』1권 4기, 1905); 朱希祖의 「史官名稱議」(『說文月刊』3권 8기, 1942. 9); 勞榦의 「史字的結構及史官的原始職務」(『大陸雜誌』14권 3기, 1957. 12); 胡適의 「說『史』」(『大陸雜誌』17권 11기, 1958. 12); 戴君仁의 「釋『史』」(『文史哲學報』12기, 1963. 11); 李宗侗의 「史官制度－附論對傳統之尊重」(『文史哲學報』14기, 1965. 11); 沈剛伯의 「說『史』」(『大華晚報』「讀書人」, 1970. 12. 17.); 徐復觀의 「原史－由宗敎通向人文的史學的成立」(『新亞學報』권12, 1977. 8) 등이 모두 관련 연구들이다.

게다가 중국 상고시대 사관의 기사는 역사에 대한 관심에서 비롯된 것으로 역사를 면면히 이어주기 위한 것이다. 수많은 사람들이 매일 발생한 일을 기록했는데, 천 백년을 하루같이 기록했다는 점으로 미루어 보면 역사에 대해 관심이 없다고 말할 수 없으며, 역사를 면면히 이어가기 위함이 아니라고 말할 수가 없다. 하물며 중국의 사관은 신성하고 독립되어 바르고 곧아서 굽히지 않았으며〔正直不屈〕,[29] 그 기사는 공동으로 반드시 지켜야 하는 법을 준수하니 바로 '임금의 거동을 반드시 기록하고〔君擧必書〕,' '법에 따라 숨김없이 기록했다〔書法不隱〕.'[30] 진실한 역사를 남기기 위해서 매번 생명의 위험을 불사하기도 했다. 『좌전(左傳)』에 다음과 같은 두 단락의 기록이 있다:

> 선공(宣公) 2년, 조천(趙穿)이 영공을 살해하자, 태사(太史)로 있던 동호(董狐)가 "조순(趙盾)이 군주를 시해했다"고 써서 조정에 보고했다. 조순이 "그렇지 않다"고 항의하자, 동호는 이렇게 말했다. "그대는 정경으로서 달아나 국경을 넘지 않았고, 또 조

---

29 Herbert Butterfield는 *The Origins of History* 142쪽에서 중국의 사관에 대해서 언급했다: "고대에도 사관은 매일 발생한 일을 기록했다. …… '史'는 신성하고 독립되어 바르고 곧아서 굽히지 않았다고 여겨진다〔Even at an early date, he (the shih) recorded events as they happened, day by day, …… 'The shih' was supposed to act as an independent authority and to be a man of great integrity〕."
외국의 한 역사가가 본 중국의 사관(史官)은 이와 같은데, 그가 느꼈을 놀라움이 가히 상상된다.

30 이 말은 『좌전』 장공(莊公) 23년, 선공(宣公) 2년에 나온다. 중국 사관의 기사(記事)가 공동으로 지켜야 하는 법을 준수하는 데 대한 토론은 유이징(柳詒徵)의 『국사요의(國史要義)』 「사권(史權)」편에 상세히 설명되어 있다.

정에 돌아와서는 범인을 처벌하려 하지도 않았으니, 그대가 아니면 누구겠는가?" 이 말을 들은 조순은 "오호라!『시경』「패풍(邶風)」에 '내가 그리워하는 이여, 내 스스로 시름을 자초했도다'라고 한 것은, 나를 두고 한 말이구나"라고 탄식했다. 훗날 공자는 이 일에 대해 이렇게 말했다. "동호는 옛날의 훌륭한 사관이다. 법에 따라 숨김없이 썼다."

宣公二年, 趙穿攻靈公於桃園, 太史書曰: "趙盾弑其君", 以示於朝. 宣子曰: "不然." 對曰: "子爲正卿, 亡不越竟, 反不討賊, 非子而誰?" 宣子曰: "嗚呼! 我之懷矣, 自詒伊慼, 其我之謂矣!" 孔子曰: "董狐, 古之良史也, 書法不隱."

양공(襄公) 25년, 태사(太史)는 "최저(崔杼)가 그 임금을 시해했다"라고 기록했다. 최저는 그 사관을 죽였다. 그 아우가 뒤를 이어 기록하니 죽은 자가 두 사람이 되었다. 그 아우가 또 기록하자 최저는 허락할 수밖에 없었다. 남사씨(南史氏)의 한 사람은 사관의 집안이 모두 죽었다는 말을 듣고, 사실대로 기록된 죽간을 가지고 조정에 나아갔으나, 이미 사실대로 기록되었다는 말을 듣고 되돌아갔다.

襄公二十五年, 太史書曰: "崔杼弑其君." 崔子殺之, 其弟嗣書, 而死者二人, 其弟又書, 乃舍之. 南史氏聞太史盡死, 執簡以往, 聞旣書矣, 乃還.

이것이 바로 직서(直書)의 정신이다. 그래서 중국의 사관은 정치성을 띤 것이 아니며, 정치를 위한 역사가 아니라 바로 역사를 위한 역사로서 '임금의 거동을 반드시 기록하고[君擧必書]', '법에 따라 숨김없이 기록하니[書法不隱]', 군왕은 역사를 조종할 수가 없었으며, 사관은 신성한 역사적 사명을 짊어지고 당대에 발생한 사건을 직서했으니 이것이 역사에 대한 관심이 아니겠는가? 이것이 농후한 역사 관념이 아니겠는가? 중국에서 초창기에 남겨진 많은 역사 문헌은 과거에 대해 관심이 있는 사람들의 작품이다! 중국 사관이 이렇게 할 수 있었던 이유는 자연히 "국가 법률이 사관의 독립을 존중하고 사회 의식이 사관의 존엄을 유지시켜 주니, 훌륭한 정치가는 침범하려 않고 나쁜 정치가는 감히 침범하지를 못하니 침범하려 해도 침범할 수가 없었다."[31] "이처럼 좋은 제도가 언제부터 시작되었는지 모르지만, 춘추 이후에 일반인들은 암중으로 모두가 이 무형의 법률을 매우 존중했다."[32] 이 또한 전체 중국 민족과 국가가 역사 관념이 매우 풍부했다는 것을 의미한다.

중국 고대에는 역사로써 교훈을 삼는 관념이 풍부했다. 예를 들면 『상서(尚書)』「소고(召誥)」는 이러하다. "나는 하(夏)로써 교훈을 삼고, 은(殷)으로써 본보기로 삼을 것이다[我不可不監於有夏, 亦不可不監於有殷]." 『시경(詩經)』「절남산(節南山)」은 이러하다. "나라의 명맥이 끊어지나니, 어찌 살피지 않는가[國旣卒斬, 何用不監]!"

---

31 양계초(梁啟超), 『중국역사연구법보편(中國歷史研究法補編)』, 154쪽.
32 Ibid.

『시경』「문왕(文王)」은 이러하다. "은나라가 아직 백성을 잃지 않았을 때는, 상제의 뜻에 어울릴 수 있었다네. 마땅히 은나라를 본받아야 할지니, 천명을 이어받기 쉽지 않거늘[殷之未喪師, 克配上帝, 宜鑒于殷, 駿命不易]!" "천명을 이어받기 쉽지 않으니, 그대들은 천명이 끊이지 않도록 하게나, 기리는 말 밝게 빛나게 하고, 은의 흥망이 하늘에 달렸음을 헤아릴지니, 하늘이 하는 일은, 소리도 없고 내음도 없다네, 오로지 문왕을 본받는다면, 온누리가 믿고 따른다네[命之不易, 無遏爾躬, 宜昭義問, 有虞殷自天, 上天之載, 無聲無臭, 儀刑文王, 萬邦作孚]." 『시경』「탕(蕩)」은 이러하다. "은나라의 거울이 멀리 있지 않으니, 바로 하나라의 걸왕(桀王)이로다[殷鑒不遠, 在夏后之世]." 『상서(尚書)』「소고(召誥)」는 서주(西周) 초기의 작품이고, 『시경』의 「절남산」·「문왕」·「탕」 등 여러 작품은 「소아(小雅)」와 「대아(大雅)」에 속하며 서주 초기부터 동주(東周) 초기까지 쓰여졌는데,[33] 역사로써 본보기를 삼는다는 관념이 중국의 상고시대에 이미 아주 유행했으며, 시가의 형식으로 훈계의 뜻을 실어 은근히 하(夏)를 본보기로 삼고, 은(殷)을 본보기로 삼았음을 알 수 있다. '은나라의 거울이 멀리 있지 않다[殷鑒不遠]'는 말은 중국에서도 하나의 구두선이 되었다. 역사를 감계(鑑戒)로 삼는 관념이 역사의 관념이며, 사학의 발흥은 이와 아주 밀접한 관련이 있다. 감계로 삼아야 하기 때문에 역사를 남겨

---

33 「대아」·「문왕」 편은 서주 초기 작품이며, 「탕」 편은 서주 말기의 작품이다. 「소아」·「절남산」 편은 동주 초기에 지어졌을 것이다. 자세한 내용은 屈萬里저, 『先秦文史資料考辨』(聯經出版事業公司, 1983), 제2장 333–334쪽 참조.

야 하고 '사서(史書)에 기록이 끊이지 않는[史不絶書]'[34] 현상이 중국 고대에 성황을 이뤘으니, 이는 세계 어느 나라와 민족에게도 나타난 적이 없었던 현상이다. 직서는 이 감계의 관념에서 발전해 온 것이라 할 수 있다. '군거필서(君擧必書)'와 '서법불은(書法不隱)'은 모두 감계를 분명히 드러낸 것이다. "기록은 하되 삼법(三法)에 합당한 것이 아니라면 후손들이 어찌 살필 것인가[書而不法, 後嗣何觀]?"[35] 이 말은 더더욱 적극적으로 군주의 행위를 규제했다.

전국시대 초기 묵자는 서로 사랑하고 서로 이롭게 하는 일을 옛날의 여섯 임금들께서 몸소 실행했음을 주장한 적이 있는데, 그가 어떻게 옛날의 여섯 성왕들께서 이것을 친히 행했는지를 아는가? "나는 그들과 더불어 나란히 같은 시대를 살면서 친히 그들의 목소리를 듣고 그들의 얼굴빛을 본 것은 아니다. 다만 그들에 대해 대나무와 비단에 씌어져 있는 것과, 쇠그릇과 돌에 새겨져 있는 것과, 쟁반이나 대야에 새겨져 있는 것을 통해 후세 자손들에게 전해진 것으로 미루어 그것을 알 뿐이다[吾非與之並世同時, 親聞其聲見其色也. 以其所書於

---

34 『좌전』 양공(襄公) 29년, 숙후(叔侯) 曰: "노나라가 진나라에 바친 공물이 적지 않고, 진기한 물건을 수시로 보냈으며, 공경대부들이 잇달아 조회를 오고, 사서에 기록이 끊이지 않으며, 창고에 노나라에서 보낸 물건이 들어가지 않은 달이 없었다[魯之於晉也, 職貢不乏, 玩好時至, 公卿大夫, 相繼於朝, 史不絶書, 府無虛月]." 두 나라의 교류는 이처럼 끊이지 않았다. 『좌전』 희공 7년, 관중(管仲) 曰: "제후가 회합한 경우에는 그 때의 덕행이나 예의를 기록하지 않는 나라는 없습니다. 태자 화(華)와 같은 악인이 회합에 참석했다는 기록을 남기면 군왕의 동맹이 쇠퇴할 것이며, 참석한 사람의 이름을 기록하지 않으면, 군왕의 큰 덕을 손상시킬 것입니다[夫諸侯之會, 其德刑禮義, 無國不記, 記姦之位, 君盟替矣. 作而不記, 非盛德也]." 제후의 회합을 이처럼 기록한다는 것을 그는 알고 있다.

35 『좌전』 장공(莊公) 23년.

竹帛, 鏤於金石, 琢於盤盂, 傳遺後世子孫者知之]."[36] 이것은 역사를 대나무와 비단에 쓰고, 금석에 새기고, 기명(器皿)에 새긴 효용을 긍정한 것이다. 어찌하여 대나무와 비단에 쓰고, 금석에 새기고, 기명에 새긴 것인가? "옛날의 성왕들은 그 도를 후세에 전하고자 했으며, 그런 고로 대나무와 비단에 그것을 적거나 금석에 새겨서 후세의 자손들에게 전했는데, 후세 자손들이 그것을 본받게 하고자 했다[古之聖王欲傳其道於後世, 是故書之竹帛, 鏤之金石, 傳遺後世子孫, 欲後世子孫法之也]."[37] 이것은 바로 감계의 관념에서 나온 것이다. 그래서 중국 고대에 역사 기록이 가득 쌓인 것은 역사로써 감계하는 관념이 짙었기 때문이다. 사학은 이로부터 잉태되어 성장했다.

중국 고대로부터 많은 옛 성왕들의 역사 이야기가 전해져 오는데, 이러한 옛 성왕들의 역사 이야기는 비록 각 전적 사이의 기록들이 약간의 차이는 있지만 그것들이 감계로 이용됐다는 점에는 일맥상통한다. 유가는 "요순을 근본으로 삼고 문왕과 무왕을 본받는다[祖述堯舜, 憲章文武]"[38]라고 하는데, 이는 군이 말할 필요가 없다. 법고(法古)를 반대하는 법가조차도 때때로 역사의 예를 인용한다. 예를 들면 다음과 같다. "과거의 왕조들은 정교가 같지 않으니 어느 왕조를 본보기로 삼아야 합니까? 제왕들은 과거의 것을 답습하지 않았으니 누구의 예제를 따라야 합니까? 복희씨와 신농씨는 백성들을 교화하되 벌

---

36 『묵자』 권4 「겸애(兼愛)」 하.
37 『묵자』 권12 「귀의(貴義)」.
38 『예기』 권31 「중용(中庸)」.

하여 죽이지는 않았고, 황제와 요순은 벌하여 죽이는 일은 하되 과도하게 행하지는 않았습니다. 주나라의 문왕과 무왕에 이르러 각기 시세에 맞추어 법을 세웠으며 사리에 근거해 예를 정했습니다. 예와 법은 시세에 맞춰 확정하고, 제도와 명령은 각기 관련 사안에 부합하며, 무기와 장비는 각기 그 사용에 편리해야 합니다. 그래서 신이 아뢰기를, '천하를 다스리는 데는 한 가지 방법만 있는 것도 아니고, 나라를 이롭게 하는 데는 반드시 옛날을 본받아야 하는 것도 아니다'라고 한 것입니다. 은나라 탕왕과 주나라 무왕의 왕업은 옛 법을 준수하지 않았기에 흥성할 수 있었고, 하나라와 은나라가 멸망한 것은 예제를 바꾸지 않았기에 그리된 것입니다[前世不同教, 何古之法? 帝王不相復, 何禮之循? 伏羲・神農, 教而不誅. 黃帝・堯・舜, 誅而不怒. 及至文・武, 各當時而立法, 因事而制禮. 禮法以時而定, 制令各順其宜, 兵甲器備, 各便其用. 臣故曰, 治世不一道, 便國不必法古. 湯・武之王也, 不脩古而興. 殷・夏之滅也, 不易禮而亡]."[39] "상고시대의 사람은 덕을 무엇보다도 소중히 여겼고, 중세의 사람은 지모로 다투었으며, 요즘 사람은 힘으로 다툰다. 고대는 일도 적고 설비도 간략했으며, 기구들이 조악하고 불완전했기 때문에 사람들은 대합조개 껍데기로 쟁기와 손수레를 만들었다. 고대에는 사람 수도 적었기 때문에 서로가 친밀했고, 물자도 풍부했기 때문에 자기 이익에 매달리

---

39 『상군서(商君書)』「경법제일(更法第一)」. 전하는 바에 의하면, 『상군서』는 상앙(商鞅)이 직접 쓴 것이 아니라, 후인들이 그의 언론과 사적을 기술한 것이며, 그것이 책으로 엮어진 것은 대략 전국시대 말기 이전이라 한다.

지 않고 쉬 양보할 수가 있었다. 그래서 천하를 읍양하곤 했던 것이다. 이렇게 보면 읍을 하며 양위하고 은혜를 존중하며 자비를 베푸는 것은 모두가 원시적인 정치라고 볼 수 있는 것이다. 일이 많고 번잡한 시대에 일이 없었던 시대의 방법을 쓴다는 것은 현자가 할 일이 못된다. 투쟁이 격해진 시대에는 읍을 하며 양위하는 방법을 답습해서는 만사가 다 이루어지는 성인의 정치를 할 수 없다[古人蚉於德, 中世逐於智, 當今爭於力. 古者寡事而備簡, 樸陋而不盡, 故有珧銚而推車者. 古者人寡而相親, 物多而輕利易讓, 故有揖讓而傳天下者. 然則行揖讓, 高慈惠, 而道仁厚, 皆推政也. 處多事之時, 用寡事之器, 非智者之備也. 當大爭之世, 而循揖讓之軌, 非聖人之治也]."[40] 옛것을 본받을 필요가 없다는 것을 설명하기 위해서, 정치는 시대에 따라 변해야 한다는 것을 설명하기 위해서 모두 역사적인 실례를 들어 논증한 것은 충분히 음미해 볼 만하다. 무릇 중국에서 진(秦) 이전의 사람들은 대개 의견을 제기할 때마다 이론을 정립했으며, 대부분 역사적 사실 위에 이론적 기초를 세웠다. 역사를 감계로 삼고 동시에 역사를 증거로 삼았으니, 이것은 참으로 지극히 농후한 역사 관념이다.

중국 고대의 사상계에는 반역사의 경향이 한 차례도 출현한 적이 없었다. 유가는 역사를 가장 존중했는데, 공자는 "옛 전통문화를 배워 전하기는 하되 창작하지 않았으며, 옛 전통문화를 믿고 좋아했으며

---

40 『한비자』 권18 「팔설(八說)」.

[述而不作, 信而好古]."[41] 맹자는 "옛 사람을 숭상하여 논하는데, 옛 사람의 시를 읊고, 옛 사람의 책을 읽었다[尚論古之人, 頌其詩, 讀其書]."[42] '실증할 수 없으면 믿지 않는[無徵不信]'[43] 것이 유가의 신조이다. 그래서 공자는 이렇게 말했다. "나는 하나라의 예를 말할 수 있으나, 기나라의 예는 증명하기에 부족함이 있다. 나는 은나라의 예를 배웠으나 송나라[은나라가 망하고 세워진 나라]가 존재하고 있을 뿐이다. 나는 주나라의 예를 배웠고, 지금 주나라의 예를 사용하고 있으니 나는 주나라를 따를 뿐이다[吾說夏禮, 杞不足徵也 ; 吾學殷禮, 有宋存焉 ; 吾學周禮, 今用之, 吾從周]."[44] "군자의 도는 자신의 몸에 근본을 두어서 서민을 통해 징험하며, 삼왕[하은주]에서 고증을 구해도 틀리지 않고, 천지에 세워도 어긋나지 않으며, 귀신에게 질의하여도 의심이 없고, 백 세대 후에 성인을 기다려도 의혹되지 않는다[君子之道, 本諸身徵諸庶民, 考諸三王而不繆, 建諸天地而不悖, 質諸鬼神而無疑, 百世以俟聖人而不惑]."[45] 실증의 역사, 고증의 역사가 백세(百世)를 이어져 왔으니, 역사를 대하는 이러한 자세가 얼마나 놀라운가! "유가 정신은 상고로부터 내려왔으며, 상고로부터 전해

---

41 『논어』 「술이(述而)」.

42 『맹자』 「만장(萬章)」 하편.

43 『예기』 「중용」.

44 『예기』 「중용」.

45 『예기』 「중용」. 역주: "귀신에게 질의해도 의심이 없고, 백 세대 후에 성인을 기다려도 의혹되지 않는다[質諸鬼神而無疑, 百世以俟聖人而不惑]"는 말은 "귀신에 질의해도 의심이 없는 것은 하늘을 아는 것이요, 백 세대 후에 성인을 기다려도 의혹되지 않는 것은 사람을 아는 것이다."라고 풀이하기도 한다.

져 몇 천 년을 거쳐 현재에까지 관통한다."[46] "유가는 역사 변천의 발전과 역사의 통일성과 역사의 연속성을 가장 중시한다."[47] 근래의 학자가 유가를 이렇게 논평한 것은 아주 정확한 것이다. 유가와 근접한 묵가 또한 역사를 매우 존중했는데, 묵자는 말을 하는 데 있어서 세 가지 법도가 있다고 했다. "그것에 맞게 생각하는 것과, 그것의 근원이 되는 것과, 그것의 활용이 되는 것이다. 어찌하여 그것의 생각을, 선왕들의 업적에 비추어 생각하지 않는가? 어찌하여 그것의 근원을, 많은 사람들의 귀와 눈이 바라는 그 근원을 살피지 않는가? 어찌하여 그것의 활용을, 나라를 다스리는 정치에 발하여 활용하지 않는가? 만백성들이 이것을 보고, 세 가지 법도라 일컫는 것이다[有考之者, 有原之者, 有用之者. 惡乎考之？考先聖大王之事. 惡乎原之？察眾之耳目之請. 惡乎用之？發而為政乎國, 察萬民而觀之]."[48] '선왕들의 업적에 비추어 헤아린다[考先聖大王之事]'[49]고 말하는데, 그렇게 역사를 존중함은 어째서인가? 묵자가 남부 지방을 유세하면서 수레 속에 많은 책을 싣고 다녔는데, 그 가운데 아마도 대부분이 '우하(虞夏)와 상대(商代), 그리고 선주(先周) 시대의 역사서[商周虞夏之記]'[50] 같은 역사 기록물이었을 것이다. 유가와 묵가가 함께 요

---

46 方東美, 『原始儒家道家哲學』(黎明文化公司, 1983년 9월 초판) 제2장 「原始儒家思想」, 46쪽.

47 Ibid.

48 『묵자』 「비명(非命)」.

49 『묵자』 「귀의(貴義)」.

50 『묵자』 「비명」.

순을 언급한 것 또한 같은 맥락이다. 유가와 묵가 이외에 도가와 법가 또한 역사를 반대하는 경향은 없었다. 도가 중에서도 장자는 이렇게 말했다. "자연의 도와 덕을 타고 유유히 떠다니는 사람이라면 그렇지 않을 것이다. 칭찬도 없고 비방도 없으며, 한 번은 용이 되었다가 한 번은 뱀이 되었다가, 시간과 더불어 변화하면서 한 곳에 집착하지 않고, 오르락내리락하면서 조화로움을 자신의 법도로 삼을 것이다. 만물의 근원에서 노닐게 하여, 사물을 사물로 부리되 외물에 의해 사물로서의 부림을 받지 않을 것이니, 어찌 재난 같은 것이 있을 수 있겠는가? 이 것이 바로 신농씨와 황제의 법칙인 것이다[若夫乘道德而浮游則不然. 無譽無訾, 一龍一蛇, 與時俱化, 而無肯專爲. 一上一下, 以和爲量. 浮遊乎萬物之祖, 物物而不物於物. 則胡可得而累耶? 此神農黃帝之法則也]."[51] 이 말은 요순 이전의 역사를 존중한다는 뜻이다. 법가 중에서도 관자는 다음과 같이 말했다. "옛날 삼왕과 오백은 모두 천하를 이롭게 한 군주이기 때문에 자신은 고귀함과 명성을 날리고, 자손은 그 은덕을 입었다. 걸(桀)·주(紂)·유(幽)·여(厲)는 모두 천하에 해가 된 군주이기 때문에 자신은 곤궁함과 손상을 입고 자손들은 그 재난을 당했다. 그러므로 '오늘의 일을 잘 모르면 옛날을 비추어 보고, 미래의 일을 잘 알지 못하겠거든 과거를 살펴보아라.' 라고 한다. 신농씨는 밭갈이와 씨앗 심는 법을 가르쳐 백성을 이롭게 했다. 우왕은 몸소 물길을 트고, 높은 곳은 깎고 낮은 곳은 바로잡아 백성

---

51 『장자』「산목(山木)」.

을 이롭게 했다. 탕왕과 무왕은 무도한 군주를 정벌하고, 포악한 사람을 베어서 백성을 이롭게 했다. 그러므로 현명한 군주의 행위는 각기 다르지만 백성을 이롭게 한다는 점은 똑같다. 그러므로 '만사가 시작은 다르지만 결국 같은 곳으로 귀결되는 것은 예나 지금이나 똑같다'고 한다[古者三王五伯, 皆人主之利天下者也. 故身貴顯, 而子孫被其澤. 桀紂幽厲, 皆人主之害天下者也, 故身困傷, 而子孫蒙其禍. 故曰, '疑今者察之古, 不知來者視之往.' 神農教耕生穀, 以致民利. 禹身決瀆, 斬高橋下, 以致民利. 湯武征伐無道, 誅殺暴亂, 以致民利. 故明王之動作雖異, 其利民同也. 故曰, '萬事之任也, 異起而同歸, 古今一也']."[52] 이 또한 역사를 존중한 분명한 표현이다. 대저 당시의 사상계에는 '옛날을 존중하고 현재를 경시하는'[53] 관념이 매우 성행했다. 옛날을 존중하는 것은 자연히 역사를 존중하는 것이다. 그래서 반역사의 흐름 속에 고착된 그리스 사상계를 중국 선진 사상계와 서로 비교하면 천양지차이다. 그리스 철학자들은 한결같이 역사에 관심을 가지지 않았으며, 중국 선진 사상가들은 항상 역사에 경의를 표했다. 중국과 서양이 다른 점이 바로 이와 같다.

『춘추(春秋)』·『사기(史記)』·『한서(漢書)』와 같은 중국 고대의 대표적인 역사서들은 그 저술 동기가 감계를 전하기 위해서이며, 또한 지난 일을 보존하기 위해서이다. "『춘추』 저술의 다섯 가지 서술 원

---

52 『관자』「형세해(形勢解)」.

53 『장자』「외물(外物)」편은 이러하다. "옛날을 존중하고 현대를 경시하는 것은 학자들의 폐단이다[尊古而卑今, 學者之流也]."

칙은, 간결하면서도 그 뜻은 분명하고, 사실을 적었으되 함축하는 바가 심원하며, 에둘러서 말했으나 문장에 조리가 있고, 기탄없이 적었으나 사실을 왜곡하지 않았으며, 악을 징계하고 선을 권장하는 것이다[『春秋』之稱, 微而顯, 志而晦, 婉而成章, 盡而不汙, 懲惡而勸善]."[54] 『춘추』가 감계를 전하기 위해서라는 이유는 아주 명백하다. 그러나 "주나라가 이미 쇠퇴하여 서적들이 온전하지 못하니 공자가 옛 성인의 업적을 보존하기로 생각하며 말했다. '하나라의 예는 내가 능히 그것을 말할 수 있지만, 기나라에 대해서는 자료가 없어 증명하기에 부족하다. 은나라의 예는 내가 말할 수 있지만 송나라의 것에 대해서는 증명하기에 부족하다. 문헌이 충분했다면 나는 그것을 증명할 수 있었을 것이다.' 노나라는 주공의 나라로서 문물에 예가 갖추어졌고 사관에게는 법도가 있었다. 때문에 좌구명에게 그 역사의 기록을 맡아 보게 해서 행한 일에 의거하고 사람의 도리를 따르게 했다. 흥하게 하면 공을 세우는 것이고 실패하면 벌을 받는다. 일월을 빌어서 달력을 정하고 조빙(朝聘) [신하가 조정에 나아가 임금을 만나는 것과 나라와 나라 사이에 서로 사신을 보내는 일]에 의지하여 예와 악을 바르게 한다[周室旣微, 載籍殘缺, 仲尼思存前聖之業, 乃稱曰: '夏禮吾能言之, 杞不足徵也. 殷禮吾能言之, 宋不足徵也. 文獻不足故也. 足則吾能徵之矣.' 以魯周公之國, 禮文備物, 史官有法, 故與左丘明觀其史記, 據行事, 仍人道, 因興以立功, 敗以成罰, 假日

月以定曆數, 藉朝聘以正禮樂]."[55] 공자가 지난 일을 보존하기 위해 『춘추』를 저술한 것은 분명 부인할 수 없다. 사마천이 『사기』를 저술한 것은 감계를 전하기 위해서이며, 더욱이 지난 일을 보존하기 위해서였다. 그의 부친인 사마담(司馬談)은 임종 때 이런 말을 남겼다. "기린을 포획한[공자가 춘추를 저술한]이래로부터 400여 년이 되었다. 제후들은 서로 아우르려 하고, 사관의 기록들은 내버려지고 끊어져 버렸다. 이제 한나라가 일어나서 천하가 하나로 통일되니, 현명한 군주와 어진 임금과 충성스런 신하와 의로운 선비가 나왔다. 그런데도 내가 태사가 되고서도 이들을 논하여 기록하지 못해 천하의 역사적인 기록 문헌들을 폐기해 버렸으니, 나는 몹시도 두렵구나[自獲麟以來四百有餘歲, 而諸侯相兼, 史記放絕, 今漢興, 海內一統, 明主賢君忠臣死義之士, 余為太史而弗論載, 廢天下之史文, 余甚懼焉]."[56] 지난 일들을 보존해야 한다는 뜻이 분명하게 함축되어 있다. 사마천은 그 부친의 뜻을 받들어 천하에 흩어져 있던 지난 일들을 두루 모아 130권에 달하는 『사기』를 저술했으니, 바로 지난 일들을 보존하기 위함이었다. 반고는 『한서』를 저술했는데, 이 또한 지난 일을 보존한다는 의미가 매우 농후했다. "한나라가 당요(唐堯)의 국운을 이어받아 황제의 위업을 이루어 육세 무제에까지 이르렀으니, 사관 사마천은 이전 세대의 공덕을 회상하며 기록하여 암암리에 제왕본

---

55 『한서』「예문지」.
56 『사기』「태사공자서」.

기를 편찬해서 한나라를 뭇 왕들의 말석에 진나라와 항우와 동일한 위치에 배열했다. 한 무제 태초 연간 이후의 일에 대해서는 기록하지 않았다. 그리하여 내가 이전의 기록을 탐구하고 들은 바의 견문을 편집하여 『한서』를 저술했다[漢紹堯運, 以建帝業, 至於六世, 史臣乃追述功德, 私作本紀, 編於百王之末, 廁於秦項之列. 太初以後, 闕而不錄. 故探纂前記, 綴輯所聞, 以述『漢書』]." 반고는 이렇게 「서전(敍傳)」에서 분명하게 설명하고 있다. 역사를 감계로 삼는다는 관념 외에 지난 일을 보존한다는 관념이 훨씬 이전에 출현했으니, 중국 사학이 세계를 향해 당당히 자부심을 가질 만하다. 지난 일을 보존하기 위해, 중국의 옛 사관들은 때때로 나라를 버리고 도망치곤 했다. "하나라의 태사령 종고(終古)는 법전을 꺼내 끌어안고서 울었다. 하나라 걸왕이 미혹되어 포악하고 황음함이 갈수록 심해지자 태사령 종고는 바로 상나라로 도망쳤다[夏太史令終古出其圖法, 執而泣之, 夏桀迷惑, 暴亂愈甚, 太史令終古乃出奔如商]."[57] "은의 내사 향지(向摯)는 주왕이 갈수록 음란하고 미혹되는 것을 보고는 수레에 은의 법전을 싣고서 주나라로 도망쳤다[殷內史向摯見紂之愈亂迷惑也, 於是載其圖法, 出亡之周]."[58] "진나라의 태사 도서(屠黍)는 진나라가 혼란해지고 진나라 군주가 거만하고 횡포하여 도덕과 의로움이 없음을 알고는 진나라의 법전을 가지고 주나라로 귀순했다[晉太史屠

---

57 『여씨춘추(呂氏春秋)』 권16 「선식람(先識覽)」.
58 Ibid.

泰見晉之亂也, 見晉公之驕, 而無德義也, 以其圖法歸周]."[59] 이
는 중국 송원(宋元) 교체기에 출현한 "나라는 망해도 역사는 없어져
서는 안 된다[國可滅, 史不可滅]"는 역사 관념의 원류임에 틀림없
다.[60]

중국 고대의 역사가들은 지난 일을 보존하기 위해 역사를 저술했
으며, 그 역사 저술은 과거로 회귀하려는 동기에서 비롯되었다. 고대
중국에서 역사 기록을 자극한 것은 과거에 대해 흥미가 일어서이며,
이것이 이른바 역사에 대한 관심이다. 중국에서 가장 초기에 남겨진
수많은 역사 문헌들은, 더욱이 과거에 대해 관심이 있었던 무수히 많
은 사관들의 작품이며, 중국 고대 사상계에는 어떤 반역사의 경향도
나타났던 적이 없었다. 이렇게 말하면, 사학의 기원을 연구하는 것이
바로 역사 사상의 기원을 연구하는 것이며, 인류의 과거에 대한 의식
의 발전을 연구하는 것으로, 중국에서 흥분할 만한 발견들을 최대한
얻을 수 있었다. 서양 세계에서는 전무한 현상이 중국에서는 발생했
던 것이다. 이것이 중국의 고대 사학이 서양의 고대 사학에 앞서는 것
가운데 하나이다.

---

59 Ibid.
60 杜維運, 「國可滅, 史不可滅」, 『時報雜誌』 제4기(1979. 12. 30) 참조.

제3장

사학 원리의 발견 성과 비교

사학에는 많은 원리가 내재되어 있어 역사가들이 점진적으로 발견하여 성과를 얻어가기를 기다린다. 사학의 진보가 뛰어난지의 여부는 사학 원리를 새롭게 발견한 성과가 어떤가를 살펴보고 정한다. 중국과 서양의 고대 사학은 각기 어떤 사학 원리를 새롭게 발견하여 성과를 얻었는가? 그 차이와 깊이는 어느 정도인가? 자세히 비교해 보면 대단히 깊은 의미를 발견할 수 있다.

기실(紀實)·궐의(闕疑)·구진(求眞)·회의(懷疑)는 사학 수준을 결정 짓는 네 가지의 사학 원리이다. 그것이 중국과 서양의 고대 사학에서 나타난 정황이 어떠한가를 비교하고자 한다.

1. 기실(紀實)

서양의 19세기 역사가 랑케(Leopold von Ranke, 1795-1886)는 그의 저서 『라틴 및 게르만 제 민족의 역사 1494-1535 (Geschichte der Romanischen und Germanischen Völker von 1494 bis 1535)』의 서문에서 다음과 같이 말했다. "세상 사람들은 모두 역사의 직무가 과거를 교훈삼

아 현 시대를 밝히고 미래를 예측한다고 알고 있다. 이 책은 이러한 호사스러운 욕심은 없으며, 밝히고자 하는 것은 단지 과거의 진상일 뿐이다 [Wie es eigentlich gewesen, 영어로는 what actually happened 혹은 how things actually were 으로 번역한다]."[1] 바로 이 '과거의 진상을 밝힌다'는 말이 서양 사학 중에서 가장 유명하고 가장 영향력 있는 격언이 되었다. 1969년 영국의 역사가 플럼(J. H. Plumb, 1911-2001)은 『과거의 죽음(The Death of the Past)』이라는 저술에서 이 말로써 중국 사학을 비평했다. "르네상스 이래 역사가들은 점차 과거에 일어난 지난 일을 이해하는 데 주력했는데, 이는 이해를 위한 이해였으며, 종교를 위한 것도, 국운을 위한 것도, 도덕을 위한 것도, 신성화된 제도를 위한 것도 아니었다. …… 역사가들은 나날이 지나간 일의 진상을 탐구하게 되었으며, 그로부터 역사적 근거가 있는 사회 변화의 과정을 도출해 내기를 희망했다. 이것은 서양의 발견이라고 본인은 생각한다. 내가 존경하는 일부 역사가들은 다른 견해를 갖고 있는데, 그들은 내가 중국과 서양 사학의 차이를 지나치게 과장했다고 느낄 것이다. 나는 번역된 작품을 애써서 열독해서 이미 중국 사학의 정교함을 알았고, 중국 사학이 중시하는 문헌을 알았으며, 중국 사학의 제도 변천 관념의 발전이 역사에 의거해서 발전한 천명 관념을 대체로 배제할 수 있었다는

---

1 Preface: Histories of the Latin and Germanic Nations from 1494 – 1535, in Fritz Stern's *The Varieties of History*, 1956, p. 57:
"To history has been assigned the office of judging the past of instructing the present for the benefit of future ages. To such high offices this work does not aspire: It wants only to show what actually happened."

것을 알았다. 중국 당나라의 역사가들은 아인하르트(Einhard)나 프라이싱의 오토(Otto of Freising), 혹은 중세 초기의 어떠한 편년체 역사가보다 훨씬 더 뛰어난데, 이는 마치 중국의 현자(賢者)들이 기예나 행정영역에서 우월한 것과 마찬가지이다. 하지만 중국 사학의 발전은 진실한 역사로 나아가는 마지막 장애 ─ 지난 일의 진상을 염탐하고자 하는희망을 돌파하지 못했으며, 그로 말미암아 야기된 과거를 이용하고자하는 당시 현자들과의 충돌을 살피지 못했다. 중국인들은 박학을 추구했으나, 비판 사학(critical historiography)을 발전시키지는 못했다. 비판 사학은 과거 200년 동안 서양 역사가들의 중요한 성취였다. 중국인은 역사를 객관적인 이해(objective understanding)로 대할 의사가 없었다는 것에 대해서는 더 이상 자세하게 논의할 필요가 없다."[2] 플럼이

---

2 J. H. Plumb, *The Death of the Past*, 1969, p. 12 - 13:
"From the Renaissance onwards there has been a growing determination for historians to try and understand what happened, purely in its own terms and not in the service of religion or national destiny, or morality, or the sanctity of institutions; ⋯⋯ the historians growing purpose has been to see things as they really were, and from this study to attempt to formulate processes of social changes which are acceptable on historical grounds and none others. This to my mind is a Western development. Some scholars whom I admire will disagree, for they feel that I exaggerate the difference between Chinese and Western historiography. I am aware, as far as reading of translations of secondary authorities permits, of the subtlety of Chinese historiography, of its preoccupation with documentation and its development of concepts of institutional change, which, to some extent, broke through the basic historical generalizations of the mandate of Heven concept. Obviously, Chinese historians of the T'ang dynasty were infinitely superior to Einhard or Otto of Freising or any other early medieval chronicler, as superior as Chinese sages were in technology or in administration. Be that as it may, their development never broke the final barriers that lead to true history—the attempt to see things as they were, irrespective of what conflict this might create with what the wise ones of one's own society wake of the past. The Chinese pursued erudition, but they never developed the critical historiography which is the signal achievement of Western historians over the last two hundred years. They never

말한 '과거의 진상을 염탐하다'라는 것과 랑케의 이른바 '과거의 진상을 밝힌다'는 말은 대체적으로 일치하는데, 다만 후자가 비교적 긍정적이며 낙관적일 뿐이다. 전자에 입각하면 바로 기실(紀實)이 되고, 그것을 완성하면 바로 구진(求眞)이 된다. 기실이라는 측면에서 말하자면, 중국은 서양보다 훨씬 뒤처지는가?

중국은 상고시대에 사학에서 기실 원리가 이미 출현했다. 사관이 행동으로 나타낸 직서(直書)는 '임금의 거동(擧動)은 반드시 기록하고 [君擧必書]', '법에 따라 숨김없이 기록하며[書法不隱]', '차라리 난초가 되어 꺾이고 옥이 되어 부서질지언정, 쓸모없는 기와조각으로 구차하게 오래 남으려 하지 않는[寧爲蘭摧玉折, 不作瓦礫長存]'[3] 것으로, 마치 "남사(南史)와 동호(董狐) 같은 사람은 정기(正氣)를 견지하여 사실대로 기록하면서 권력을 피하지 않았고, 위소(韋昭)나 최호(崔浩)는 거리낌 없이 붓을 들어 기록하면서 아첨하지 않은[南董之仗氣直書, 不避強禦, 韋崔之肆情奮筆, 無所阿容]"[4] 것처럼 위대한 기실 정신이다. 반고는 『한서』「사마천전(司馬遷傳)」 찬(贊)에서 말했다. "유향과 양웅으로부터 전적들을 두루 익힌 이들이 모두 사마천은 역사가로서 훌륭한 재주를 갖고 있다고 칭찬하고, 그 사실의 이치를 잘 서술해 내는 것에 감탄했다. 사마천은 화려한 문체로 수식하지 않으며, 질박하나 저속하지 않고, 그의 글은 곧으며, 사실들은 모두 확

---

attempted, let alone succeeded, in treating history as objective understanding."

3 유지기, 『사통』「직서」.

4 Ibid.

인을 거쳤고, 헛되이 꾸미지도 않았으며, 악한 것을 숨기지도 않았다. 그러므로 그것을 실록이라 칭한다[自劉向·揚雄博極群書, 皆稱遷有良史之才, 服其善序事理, 辨而不華, 質而不俚, 其文直, 其事核, 不虛美, 不隱惡, 故謂之實錄]." 중국 고대 역사가인 사마천이 역사를 서술하면서 '그의 글은 곧으며, 사실들은 모두 확인을 거쳤고, 헛되이 꾸미지도 않았으며, 악한 것을 숨기지도 않는[其文直, 其事核, 不虛美, 不隱惡]' 경지에 이르렀음을 알 수 있으니, 이것이 소위 실록이며 또한 이른바 기실(紀實)로 중국 고대의 학자이면서 역사가인 유향과 양웅에서부터 반고에 이르기까지 의심할 나위 없이 모두 역사가는 마땅히 이러해야 함을 인정했다. 기실은 그리하여 중국 고대 사학에서 하나의 원리로 자리매김했다.

반대로 서양을 살펴보면, 사학에서의 기실은 중국에 비해 많이 뒤떨어진다. 그리스와 로마의 역사가들은 역사를 기록하면서 대체로 수사학의 방법을 사용했다. 어떤 장군이 전쟁을 앞두고 군대를 향해 격앙되어 연설을 한다거나, 정객이 의회에서 비분강개해서 의견을 개진하는 등은 실제로는 문헌적인 근거도 없으며 대부분 역사가의 상상에서 나온 것이다. 영국 당대의 여성 역사가인 스몰리(Beryl Smalley)는 『중세기의 역사가들(Historians in the Middle Ages)』이라는 저서에서 이렇게 언급했다.

로마 역사가들의 문장 풍격과 역사 연구 방법은 역사와 수사학 사이의 긴밀한 관계를 보여 준다. 그곳에는 문학적인 관례가 있다. 역사가들은 연설을 그 인물의 입에다 맡겨 버리는데, 어느 장군이 전쟁을 앞두고 군대를 향해 연설을 하는 것이나, 어느 정객이 의회에서 안건을 제기하는 것 등이 이와 같다. 독자들은 그것이 진실한 녹음이거나 심지어 예전에 언급되었던 정확한 보고라고 여기지 않으며, 그것들은 단지 개요일 뿐으로 그것의 진정한 작용은 문장의 풍격을 윤색하기 위함이다. 중세기의 학자들은 솔루스트(Sallust, B.C. 86-34, 로마의 역사가 및 정치가)의 연사(演辭)를 흠모하여 마구잡이로 베껴 썼다. 관례로 정확성에 있어서 자유로운 게 허용되었으며, 날짜가 생략되어도 되고 문헌도 요구되지 않았다.[5]

로마 역사가들의 역사 서술이 이러했으며 그리스 역사가들 또한 마찬가지였다. 투키디데스(Thucydides)는 그의 저서 『펠로폰네소스 전쟁사(History of the Peloponnesian War)』에 자신의 상상을 많이 써넣었는데, 예를 들면 페리클레스의 장례식 연설(The Funeral Oration of Pericles)은 실제로 문헌적인 근거가 없으며 당시 페리클레스가 그렇게 말했

---

5 Beryl Smalley, *Historians in the Middle Ages*, 1974, p. 19:
"Both the style and the method of Roman historians show the close links between history and rhetoric. There were literary conventions. The historian puts speeches into his character's mouths: a general addresses his troops before battle, a statesman puts his case in assembly, and so on. Readers are not supposed to take these as tape recordings or even as an accurate report of what was said: they may represent the gist of it, but their real function is to adorn the style. Medieval students delighted in Sallust's speeches and copied them eagerly. Convention allowed a certain freedom from accuracy. Dates could be dispensed with. Documentation was not called for."

을 것이라고 상상해서 쓴 것이다. 허구의 연설을 이용하여 여론의 대세를 설파한 것이 투키디데스의 발명이다.[6] 허구의 연설이 일종의 전통으로 변하면서,[7] 사학은 수사학의 한 갈래로 흘러갔다.[8] 역사가들은 독창적으로 문장을 지을 수 있었으니 역사적인 사실을, 당시에 일어났을 상황을 상상하면서 창작했는데, 이러한 것은 중국에서는 상상하기 어렵다. 영국 19세기 역사가 매콜리(Lord Macaulay, 1800-1859)는 일찍이 강력히 비판했다. "헤로도토스는 사랑스런 전기 소설가이며, 투키디데스는 전체를 묘사하는 위대한 대가이긴 하나 깊이 있는 사상가는 아니었으며, 플루타르크(Plutarch)는 유치하고, 폴리비우스(Polybius)는 음침하며, 리비우스(Livy)만큼 진리를 완전히 무시한 역사가도 없었으며, 타키투스(Tacitus)는 가장 걸출한 인물 묘사가이자 가장 탁월한 고대 극작가이긴 한데 그는 믿을 수가 없다."[9] 그리스 로마의 가장 걸출한 몇몇 역사가들은 거의 모두가 소설가와 극작가에 가깝지만 기실의 역사가는 아니다. 르네상스 시대 이후에 이르러서

---

6 Arnaldo Momigliano, History and Biography, in Moses Finley, ed., *The Legacy of Greece: A New Appraisal*, p. 161 - 162.

7 Michael Grant, *The Ancient Historians*, 1970, p. 258.

8 키케로(Cicero 106 - 43 B. C.)가 말했다. "Historiography was a branch of rhetoric." Stephen Usher, *The Historians of Greece and Rome*, 1969, p. ix.

9 G. P. Gooch, *History and Historians in the Nineteenth Century*, 1913, p. 277:
"Macaulay explained his conception of the task of the historian in an essay entitled 'History'. To be a really great historian, he declared, was perhaps the rarest of intellectual distinctions⋯⋯ Herodotus was a delightful romancer. Thucydides was the greatest master of perspective but not a deep thinker. Plutarch was childish. Polybius dull. No historian ever showed such complete indifference to truth as Livy. Tacitus was the greatest portrait - painter and the greatest dramatist of antiquity, but he could not be trusted."

야 서양의 역사가들이 진리의 개념에 있어서 점차 엄격해지면서, 이른바 '예전에 발생한 지난 일들을 이해하는 데 노력하기로 서서히 결의했으며,' 19세기 이후에는 '지난 일의 진상을 염람하는' 것이 서양 역사가들의 가장 큰 희망이 되었다. 그리하여 그들은 서양 사학이 참된 역사로 나아가는 마지막 장벽을 돌파하여 사학의 최고봉에 도달했다. 세계의 다른 사학들은 모두 그 아래에서 고개를 숙여야 한다고 흥분했는데, 이는 세상의 사학을 지나치게 경시한 것이다. 만약에 서양의 역사가들이 중국 사학이 기실에 있어서 2천 년 전에 이미 장족의 발전이 있었고, 많은 사람들이 인정할 수 있는 사학원리가 형성되었다는 것을 알았더라면 그들은 아마도 그처럼 독단적인 결론을 내릴 수 없었을 것이다.

사학에서의 기실(紀實)은 기사(記事)의 제도와 불가분의 관계가 있다. 중국은 상고시대부터 사관을 설치해서 날마다 천하의 일을 기록했는데, 이러한 주도면밀한 기사 제도로 인해 발생했던 사건들이 체계적으로 대량의 기록으로 남겨졌다. 기사가 일종의 제도로 정착되자 기실의 원리는 바로 그에 상응하여 등장했다. 소위 '축사천신(祝史薦信)'[10], '축사진신(祝史陳信)'[11], '축사정사(祝史正辭)'[12]는 사관의 하나인 축사(祝史)에 속하는 것이며, 제사 때의 정사(正辭)〔믿음을 주는 바른 말〕와 천신(薦信)〔실정을 그대로 아룀〕, 진신(陳信)〔진실만을 고함〕

---

10 『좌전』소공(昭公) 20년. 제관(祭官)이 신령께 진실을 고함.
11 『좌전』양공(襄公) 27년. 집의 제사를 맡은 자가 조상에게 진실을 고함.
12 『좌전』환공(桓公) 6년. 신관(神官)이 제문을 지어 정직하게 아룀.

은 기사를 할 때 저절로 기실이 된다. "만약 덕이 있는 군주가 있어 나라 안팎의 일을 잘 처리하고 상하가 원망이 없으며 어떤 행동을 해도 일에 위배됨이 없다면 축관이나 제관이 그러한 일을 진술하여 올린다 해도 마음에 아무런 부끄러움이 없을 것이다. 이런 까닭으로 귀신은 그 제물을 흠향하고 나라는 그 복을 받는 것이니 축관과 제관도 그 일에 함께 복을 받게 되는 것이다. 그 번져가는 복으로 인해 장수를 누리게 되는 것은, 그들이 임금을 위해 사실을 진언하는 심부름을 하면서 충성과 믿음으로 귀신에게 진언하기 때문이다. 그러나 부덕한 군주를 만나면 나라 안팎이 치우치고 사악하며 위아래가 서로 원망하고 질시하여 움직이는 일마다 위배되며 욕심대로 하여 사사로움에 빠져들고, 높은 누대와 깊은 못을 파고 악기를 울리며 무녀들이나 들끓게 된다. 그리하여 백성들의 노력을 헛되게 하며 남이 모아둔 재물을 약탈하여 그 위배됨을 더욱 키워나가 후세 사람들을 아랑곳하지도 않는다. 어긋난 행동은 법도가 없으며 금기할 것도 없다고 여기며 백성의 비방에도 아랑곳하지 않고 귀신도 꺼리지 않게 된다. 신(神)은 노하고 백성은 고통에 시달리는데도 마음에 조금도 개전의 정이 없다. 그럴 때 축관과 제관이 그 사실을 신에게 고하면 이는 임금의 죄를 신에게 말해 주는 것이 된다. 그렇다고 잘못을 덮어두고 좋다고만 고한다면 이는 그들이 거짓을 저지르는 것이 된다. 이렇게도 못하고 저렇게도 못하여 신에게 고할 말이 없다면 결국은 없는 일을 거짓으로 꾸며 신께 아첨하는 것이 된다. 이러한 이유로 귀신은 그러한 제사를 받지 않게 되고 나라는 재앙을 입게 되며 축관과 제관도 함께 재앙을 입게 되는 것이다. 어려서 죽거나 부모를 잃어 외로운 신세가 되며 병에 걸리는 것은 축관과 제관이 포악한 군주에게 부림을 받아 귀신에게 올리는 진언이 거짓과 위선으로 가득차 있기 때문이다[若有德之君, 外內不廢, 上下無怨, 動無違事, 其祝史薦信, 無愧心矣. 是以鬼神用饗, 國受其福, 祝史與焉. 其所以蕃祉老壽者, 爲信君使也, 其言忠信於鬼神, 其適遇淫君, 外內頗邪, 上下怨疾, 動作辟違, 從欲厭私, 高臺深池, 撞鐘舞女, 斬刈民力, 輸掠其聚, 以成其違, 不恤後人. 暴虐淫從, 肆行非度, 無所還忌, 不思謗讟, 不憚鬼神. 神怒民痛, 無悛於心, 其祝史薦信, 是言罪也. 其蓋失數美, 是矯誣也. 進退無辭, 則虛以求媚. 是以鬼神不饗其國以禍之, 祝史與焉. 所以夭昏孤疾者, 爲暴君使也, 其言僭嫚於鬼神.”[13] 축사가 만약에 진실을 고하지 않고 잘못을 덮고 좋은 것만 말하고 거짓으로 신에게 아첨하면 재앙을 내릴 것이다. 그리하여 사관은 공동으로 반드시 지켜야 하는 법을 준수해서 '임금의 거동을 반드시 기록해야 하고[君擧必書],' '법에 따라 숨김없이 기록해야 한다[書法不隱].' 포폄(褒貶)을 실행한『춘추』는 '사실을 분명하게 기록함으로써 믿을 만한 것을 전하고, 의심스러운 것은 그대로 기록함으로써 의심스러운 것을 전한다[信以傳信, 疑以傳疑]'[14]는 대원칙을 준수하고 있다. 그러므로 기사에서 기실의 원리가 나온 것은 자연적인 발전이다.

---

13 『좌전』소공(昭公) 20년.
14 『곡량전(穀梁傳)』환공(桓公) 5년.

고대 서양에서는 중국이 당시 천하의 일들을 기록하는 것과 유사한 기사 제도가 출현하지 않았다. 이집트와 시리아 일대에서 약간의 명부(lists)가 오늘날까지 전해지는데 가장 이른 것이 아마도 유명한 팔레르모 석(Palermo Stone)에 새겨져 있는 것이며[일부는 그 돌에 부속되는 조각들에 새겨져 있다], 일련의 왕조와 왕의 이름은 기원전 2천 년의 여러 세기에 속하는 것으로, 그 편성된 연대는 약 천 년 후일 것으로 추정된다. 그 가운데 극히 일부의 기사가 편성된 시대에 근접할 뿐, 1년에 8건에서 15건의 일이 기록되어 있으며, 대체로 종교의식과 사원의 건축과 같은 일에 관한 것이다.[15] 『수메르왕 명부(Sumerian King-List)』 역시 같은 종류이다.[16] 대제국의 지도자들은 비록 전쟁에서의 승리와 기타 공적을 기록하긴 하지만 기사의 제도가 형성되지는 않았다. 사학을 창조한 그리스인들은 기원전 7세기에 이르러 정치경험이 이미 아주 풍부했으며, 이상한 것은 이 시기의 그리스인에게는 오히려 문자로 그 경험을 기록한 동기는 없었고, 그들이 중시한 역사는 단지 역사시(歷史詩)가 제공한 역사뿐이라는 것이다.[17] 기원전 5세기에 이르러서도 그리스는 여전히 문자 기록이 별로 없었다.[18] 그

---

15 Herbert Butterfield, *The Origins of History*, p. 23 – 24.

16 Ibid., p. 89.

17 J. B. Bury. *The Ancient Greek Historians*, 1908, 1959(Dover publication), p. 3; 王任光이 번역한 그 중 첫 번째 강연 「그리스 역사 서술의 발원지 – 이오니아(The Rise of Greek History in Ionia)」는 王任光·黃俊傑 편, 『古代希臘史硏究論集』, 成文出版社, 1979년 초판에 수록되어 있다.

18 Arnaldo Momigliano, History and Biography, in Moses Finley, ed., *The Legacy of Greece: A New Appraisal*, p. 159.

리스 역사가들 또한 '구전을 믿을지언정 문자 증거를 취하지 않는 원칙'[19]을 따를 뿐이었다. '역사의 아버지'라는 헤로도토스 또한 '거짓말쟁이'라는 오명을 뒤집어쓰지 않을 수 없었다.[20] 로마 시대에 이르러 역사가 리비우스는 그의 명저 『로마사(The Early History of Rome)』의 서론에서 그가 서술한 스토리가 엄격한 의미의 사실적인 역사(Factual history)에 속하는 것이 아니라고 솔직하게 인정했다.[21] 기사의 제도는 출현하지 않았으며, 그리하여 기실의 원리가 느릿느릿 형성되는 과정에서 수사학이 빈틈을 파고들어 활보했다. 그래서 중국과 서양의 고대 사학을 비교하면, 기실에 있어서 중국이 한참이나 앞선다는 사실은 의심할 여지가 없다.

2. 궐의(闕疑)

기실에 없어서는 안 되는 한 가지 조건은 궐의(闕疑)이다. 서양은 상고시대 사학에서 궐의가 출현하지 않았다. 역사가들은 역사를 기술하는 데 수사학의 방법을 주로 사용했으며 텅 빈 공간에서 상상했으니 자연히 이른바 궐의를 논의할 수 없었다. 중국은 상고시대부터

---

19 Ibid., p. 160.

20 키케로(Cicero)가 헤로도토스를 '역사의 아버지(pater historian)'라 불렀다[Cicero, 『De Legibus』, Li. 5에 보인다]; 키케로는 또한 헤로도토스를 거짓말쟁이(a liar)라고도 불렀다.

21 Livy, 1 Preface, in *The Early History of Rome* (trans. M. Grant); Michael Grant, *The Ancient Historians*, p. 238 참고.

사학에서 궐의가 바로 출현했다. 공자는 『춘추』를 저술하면서 의심 나는 바를 제쳐 두었다. 고염무(顧炎武)는 『일지록(日知錄)』 권4 「왕 입어왕성불서(王入於王城不書)」 조(條)에서 다음과 같이 말했다. "좌 구명은 양왕의 복귀를 '여름 4월 정사일에 왕이 왕성에 입성했다'고 기록했는데, 『춘추』에는 기록하지 않았다. 글이 곧 역사인데, 역사 에 없는 것을 공자가 첨가할 수는 없었다[襄王之復, 左氏書夏四月 丁巳, 王入於王城, 而經不書. 其文則史也, 史之所無, 夫子不得 而益也]." 같은 책 「소견이사(所見異辭)」 조(條)는 이러하다. "공자 는 소공·정공·애공의 시대에 살았으며, 문공·선공·성공·양공의 통 치 시대는 들었고, 은공·환공·장공·민공·희공에 대해서는 전해 들었 다. 각종 사서의 기록과 황제가 반포한 공문의 글은 완전하지 않은 부 분이 있어 공자는 스스로 본 것에 의거해 보완했다. 그가 들은 것은 사 실과 거리가 멀고, 전해 들은 것은 더욱 멀다. 비록 전해 들어 얻은 자 료라 하더라도 반드시 서로 검증하여 진실을 추구했다. 믿는 것은 바 로 기록하고 의심나면 제쳐 두었는데, 이렇게 하여 다른 견해가 생겨 난 것이다[孔子生於昭·定·哀之世, 文·宣·成·襄則所聞也. 隱· 桓·莊·閔·僖則所傳聞也. 國史所載, 策書之文, 或有不備, 孔子 得據其所見以補之. 至於所聞, 則遠矣. 所傳聞, 則又遠矣. 雖得 之於聞, 必將參互以求其信. 信則書之, 疑則闕之, 此其所以為 異辭也]." 믿는 것은 바로 기록하고 의심나면 제쳐 두는 이것이 바 로 사학에서의 궐의이다. 공자는 한결같이 누차 언급했다. "많이 듣 되 의심스러운 것은 제쳐 두고 그 나머지를 신중히 말한다[多聞闕疑,

慎言其餘]."[22] "나는 그래도 사관이 의심스러운 일은 빼놓고 적은 글을 볼 수 있었다[吾猶及史之闕文也]."[23] "군자는 그가 알지 못하는 일에 대해서는 말을 않고 내버려 두는 법이다[君子於其所不知, 蓋闕如也]."[24] "하나라의 예는 내가 능히 그것을 말할 수 있지만, 기나라에 대해서는 자료가 없어 증명하기에 부족하다. 은나라의 예는 내가 말할 수 있지만 송나라의 것에 대해서는 증명하기에 부족하다. 문헌이 충분했다면 나는 그것을 증명할 수 있었을 것이다[夏禮吾能言之, 杞不足徵也. 殷禮吾能言之, 宋不足徵也. 文獻不足故也. 足則吾能徵之矣]."[25] 많이 듣되 의심스러운 것은 제쳐 두고, 무릇 알지 못하는 것과 문헌이 부족하여 징험할 수 없는 것은 내버려 두며, 천착하는 버릇으로 인한 자문자답과 사리에 억지로 꿰맞춘 의견은 자연히 문헌에 의해서 윤곽이 드러나는 법이다. 공자의 궐의는 대체로 이전의 것을 답습한 바가 있다. 공자 이후 전국시대의 학술계에는 궐의의 이론들이 넘쳐난다. "의심나는 일을 밝혀내려 하지 말고[疑事毋質]."[26] "군자는 의심스러운 것은 말하지 않으며[君子疑則不言],"[27] "아는 것을 안다고 하고 모르는 것을 모른다고 하고, 안으로는 자신을

---

22 『논어』「위정(爲政)」.

23 『논어』「위령공(衛靈公)」.

24 『논어』「자로(子路)」.

25 Ibid.

26 『예기』권1「곡례(曲禮)」상, 胡邦衡注曰: "질(質)은 정(正)이다. 사실이 의심나면 그것이 옳다고 억지 부리지 않는 것이 이른바 궐의이다[質, 正也. 事有可疑, 勿以臆決正之, 所謂闕疑]."

27 『순자』「대략(大略)」편.

속이지 않고 밖으로는 남을 속이지 않는다[知之曰知之, 不知曰不知, 內不自以誣, 外不自以欺]."[28] 나아가서는 "알지 못하면 의심하지 않는다[不知而不疑]"[29]는 이론이 출현했으며, "사람이 안다는 것을 헤아려 보면, 알지 못하는 것에 훨씬 못 미친다[計人之所知, 不若其所不知]"[30]라고 하는 명확하고 확실한 견해가 출현하기에 이르렀다. "우물 안 개구리가 바다에 대해 말할 수 없는 것은 사는 곳에 얽매여 있기 때문이고, 여름 벌레가 얼음에 대해 말할 수 없는 것은 시절에 묶여 있기 때문이며, 편협한 선비가 도에 대해 말할 수 없는 것은 속된 가르침에 묶여있기 때문이오. 지금 그대는 벼랑 가에 나와 큰 바다를 보고서야 그대의 추함을 알았다니, 이제야 큰 이치를 함께 논의할 수가 있겠소. 천하의 물 가운데서 바다보다 큰 것은 없고, 수많은 강물이 바다로 흘러들어 언제 그칠지 모르지만 차는 일도 없다오. 미려(尾閭), 즉 큰 바다 밑에 있는 구멍에서 물이 새어 나가 언제 그칠지 모르지만 말라 없어지는 일도 없다오. 봄에도 가을에도 변함이 없고, 홍수나 가뭄도 모르오. 이렇듯 황하나 양자강의 물이 흘러가도 그 양을 잴 수는 없지만, 나는 이를 스스로 많다고 한 적은 없었다오. 스스로 형체를 천지에 내맡기고 음양으로부터 정기를 받아, 내가 천지간에 있는 것은, 마치 작은 돌이나 작은 나무가 큰 산에 있는 것과 같다오. 이렇듯 나 스

---

28 『순자』「유효(儒效)」편. 『순자』「법행(法行)」편 또한 이러하다: "군자는 아는 것을 안다고 하고 모르는 것을 모른다고 하는데, 이것이 말하는 요령이다[君子知之曰知之, 不知曰不知, 言之要也]."

29 『전국책(戰國策)』권19「무령왕평주간거(武靈王平晝間居)」.

30 『장자』「추수(秋水)」편.

스로 작다고 보고 있는데, 어찌 또 스스로를 많다고 여기겠소. 이 세상도 천지 사이에 있음을 헤아려 볼 때, 마치 작은 구멍이 큰 못에 있는 것과 같지 않겠소? 중국도 바다 안에 있음을 헤아려 본다면, 마치 피(稗)가 큰 광에 있는 것과 같지 않겠소? 만물의 수를 가리켜 수만이라 하지만, 사람은 그 가운데 하나일 뿐이고, 사람도 중국 내의, 곡식이 나는 곳, 배와 수레가 다니는 곳에 있으므로, 사람은 그 가운데 하나인 것이오. 이렇듯 사람을 만물에 비한다면, 한 가닥 작은 털이 말의 몸에 있는 것이나 같지 않겠소[井蛙不可以語於海者, 拘於虛也. 夏蟲不可以語於冰者, 篤於時也. 曲士不可以語於道者, 束於教也. 今爾出於崖涘, 觀於大海, 乃知爾醜, 爾將可與語大理矣. 天下之水, 莫大於海. 萬川歸之, 不知何時止, 而不盈, 尾閭泄之, 不知何時已, 而不虛, 春秋不變, 水旱不知. 此其過江河之流, 不可爲量數. 而吾未嘗以此自多者, 自以比形於天地, 而受氣於陰陽, 吾在於天地之間, 猶小石小木之在大山也. 方存乎見少, 又奚以自多! 計四海之在天地之間也, 不似礨空之在大澤乎? 計中國之在海內, 不似稊米之在大倉乎? 號物之數謂之萬, 人處一焉. 人卒九州, 穀食之所生, 舟車之所通. 人處一焉. 此其比萬物也, 不似豪末之在於馬體乎?"[31] 이것이야말로 진정한 궐의의 우주론이다. 전국시대 이후에 중국의 학술계는 대체로 공자의 궐의의 가르침을 변함없이 준수해 왔다. "옛것을 믿으면서 의심나는 바를 제쳐 두었으며[信

---

31 Ibid.

古而闕疑],"[32] "무릇 고증을 거치지 않은 것은 항시 모르는 채로 내버려 두며, 의심나는 바를 내버려 들지언정 망언을 일삼아 세상을 현혹시키지 않는다[凡無從考證者, 輒以不知置之, 甯缺所疑, 不敢妄言以惑世]."[33] 반드시 이렇게 해야 역사에서의 진실이 비로소 어렴풋이 드러난다.

중국의 역사가들은 궐의할 수 있었으며, 그리하여 무릇 저술한 것에는 모두 근거가 있다. 『좌전(左傳)』은 여러 나라의 귀중한 기록에 근거했으며, 『사기』는 『상서』·『국어(國語)』·『좌전』·『세본(世本)』·『국책(國策)』·『진기(秦紀)』·『초한춘추(楚漢春秋)』 등 여러 기록에 근거했는데,[34] 그 자신이 저술한 것은 열에 하나에 불과하며, 삭제하고 남은 것이 열에 아홉이다. 일찍이 『좌전』과 『사기』의 여러 나라에 관한 귀중한 기록과 『상서』와 『국어』의 여러 기록들은 또한 각기 그 근거가 있었으니, 사관의 기록이 바로 그 근거의 근원지이다. 사관이 기록하고 역사가가 저술한 것은 기언(記言)과 기사(記事)에 다름없다. "옛사람이 말을 기록하고 일을 기록해 놓은 글들은 그 근거가 없는 것이 없다. 입과 귀로 서로 주고받은 것에 근거한 것은 그 글이 작가가 창의적으로 썼다는 데에 그 의의가 크다. 창의적으로 쓴 것은 그 일과 말을 작가가 들은 그대로 전달하는 것으로 기대할 수 있다. 한편 죽간과

---

32 고염무(顧炎武), 『일지록(日知錄)』 권2 「풍희위상서(豐熙僞尙書)」 조(條)」.

33 최술(崔述), 『고신록(考信錄)』 「제요(提要)」 상.

34 사마천이 『사기』를 쓸 때 천하에 흩어진 글과 옛일을 망라했는데, 근거로 삼은 자료가 위에서 언급한 몇 가지만이 아니다. 근래에 이 방면에 대한 자세한 연구가 적지 않다.

비단의 기록에 근거한 것은 그 글이 종래의 것을 그대로 따르는 데서 생겨나는 것이다. 종래의 것을 그대로 따르면 이는 그 근거한 문장의 취지를 그대로 잘 드러낼 수 있기를 기대할 수 있다[古人記言與記事 之文, 莫不有本. 本於口耳之受授者, 筆主於創, 創則期於適如其 事與言而已. 本於竹帛之成文者, 筆主於因, 因則期於適如其文 之旨].''[35] 그리고 "일을 기록하는 법은 그 문장을 줄일 수는 있으나 늘릴 수는 없다. 한 글자라도 늘리면 이는 거짓을 만들어 내는 것이다. 작가가 온 궁리를 다하여 장황하게 서술하지만 그 일이 제대로 드러나지 않는 데 반해서, 화려한 수식을 삭제해 버리고 간단한 문장으로 평범하게 서술했는데도 오히려 그 사정과 상황이 생동적으로 드러나는 경우가 왕왕 있다. 이는 그 뜻을 파악하는 것이 그만큼 중요하다는 말이다. 말을 기록하는 법은 늘리거나 줄이는 데에 일정한 기준이 없고 오로지 작가의 뜻대로 기록할 뿐이다. 그러나 반드시 그 말을 한 사람이 그 당시 마음속에 품고 있었던 뜻을 잘 헤아려야 한다. 그렇게 하면 비록 백 마디 천 마디로 늘려도 많은 것이 아니다. 만약 그 말이 비록 아름다운 문장으로 기록되었으나 그 말을 한 사람이 당시에 본래 마음속에 품고 있던 뜻이 아니라면, 이는 비록 한 글자를 늘려도 역시 거짓을 만들어 내는 것이다[記事之法, 有損無增, 一字之增, 是造僞也. 往往有極意敷張, 其意弗顯, 刊落濃辭, 微文旁綴, 而情狀躍然, 是 貴得其意也. 記言之法, 增損無常, 惟作者之所欲, 然必推言者當

---

35 장학성(章學誠),『문사통의(文史通義)』「답소이운서(答邵二雲書)」.

日意中之所有, 雖增千百言不爲多. 苟言雖成文, 而推言者當日
意中所本無, 雖一字之增, 亦造僞也]."[36] 중국 사관과 역사가들이
집필할 때 그 태도의 신중함을 상상할 수 있다. 그래서 저술할 때에
터무니없이 날조하는 것은 중국에서는 극도로 부도덕한 일이다. 그
리하여 기존의 글을 답습하는 것이 '역사가들이 운용한 공로[史家運
用之功]'[37]가 되었다. 예를 들면 『한서』「무제기」 이전에 기전(紀傳)
은 대부분 『사기』의 글을 인용해 자신의 저작이라 했다. 문학에서는
이를 표절이라 말하는데, 사학에서는 이는 궐의로 인해 야기된 신중
함으로 비록 폐단은 있으나 잘못은 아니라고 말한다. 서양의 역사가
들은 중국 역사가들이 '끊임없이 옛 사서의 원문을 습용(襲用) 하며,'[38]
무제한으로 '이미 확정된 서술을 반복하는'[39] 것을 대단히 경이롭게
여기는데, 만약에 그들이 중국 사학에서 궐의 이론이 만연했다는 것
을 알았다면 마음이 개운했을 것이다.

36 장학성(章學誠), 『장씨유서(章氏遺書)』 권14 「여진관민공부론사학(與陳觀民工部論史
學)」.

37 Ibid.

38 Herbert Butterfield, History and Man's Attitude to the Past, in *Listener*, 21 September,
1961.

39 Ibid.

3. 구진(求眞)

서양의 역사가 플럼은 과거의 진상을 염탐하기를 희망하는 것이 서양 근대 사학의 발전이며, 이러한 발전이 진실한 역사로 나아가는 최후 장벽을 돌파함으로써 아주 중요한 비판 사학이 출현하게 되었다고 생각한다. 중국 사학이 비록 정밀하고 문헌을 중시하며 중국인들이 박학을 추구하지만, 그러나 진실한 역사로 나아가는 – 과거의 진상을 염탐하기를 희망하는 최후 장벽을 영원히 돌파하지 못함으로써 비판 사학을 발전시키지 못했으며, 중국인들 또한 역사를 객관적으로 이해하려는 뜻이 없었다.

이는 서양 역사가들이 아주 으스대며 동의하는 의견이며, 또한 중국과 서양 사학의 우열을 결론짓는 일이기도 하다. 하지만 실제도 이와 같을까?

이른바 과거의 진상을 염탐한다는 말은, 한편으로는 기실(紀實)에서 표현되는 것이며, 다른 한편으로는 구진(求眞)에서 표현되는 것이다. 양자를 융합하여 비판 사학이 나왔다. 중국은 고대부터 사학에서의 기실과 구진이 대단히 발전했는데, 이것은 아마도 서양의 역사가들이 짐작하고 있을 터이다. 앞에서 이미 기실에 대해 상세하게 토론했으니, 이제는 구진에 대해 냉정하게 논의하고자 한다.

구진의 원리는 중국에서 아주 오래전에 나왔다. 『상서』「요전(堯典)」서두의 '옛것을 고찰하고 연구한다[曰若稽古]'는 네 글자는 역사적 사실을 고찰한다는 뜻이다.[40] 공자는 구진을 위해서 '길에서 듣고 길에서 말하는[道聽而塗說]'[41] 것을 한사코 반대했으며, 사신(使臣)의 전언을 논하여 말했다. "양쪽이 모두 기뻐하거나 화나게 말하는 것은 대단히 어려운 일이다. 양쪽이 모두 기뻐하면 필히 지나치게 미사여구가 많은 것이고, 모두 화를 낸다면 틀림없이 지나치게 헐뜯는 말이 넘칠 정도로 많은 것이다. 말이 망령되면 말은 미덥지 못하다. 말에 믿음이 안 가면 이를 전한 사신은 처벌을 받게 마련이다. 그래서 격언에 평소에 진실한 말은 전하고 지나친 언사는 전하지 않으면 우선은 안전하다고 했다[傳兩喜兩怒之言, 天下之難者也. 夫兩喜必多溢美之言, 兩怒必多溢惡之言. 凡溢之類妄, 妄則其信之也莫, 莫則傳言者殃. 故法言曰, 傳其常情, 無傳其溢言, 則幾乎全]."[42] 사신이 말을 전함에 일반적인 도리를 전하며 지나치게 좋거나 나쁜 말은 전하지 않음으로써 도리에 어긋나지 않게 되며, 이는 구진을 위하는 것으로 또한 화를 면하기 위해서이다. 순자는 '근거 없는 말, 보지 못한 일, 듣지 못한 책략[無稽之言, 不見之行, 不聞之謀]'[43] 에 대해 매우 신중하여 "듣지 않는 것은 듣는 것만 못하고, 듣는 것은 보는 것만 못하며, 보는 것은 아는 것만 못하고, 아는 것은 실천하는 것만 못

---

40 마기창(馬其昶) 注曰: "사관(史官)들은 사실을 서술함에 옛것을 고찰하고 연구하는 것으로 시작하는데, '고(古)'는 '고(故)'와 같으므로 '계고고실(稽考故實)'이라 한다."
41 『논어』「양화(陽貨)」: "길에서 듣고 길에서 말하는 것은 덕을 버리는 것이다[道聽而塗說, 德之棄也]."
42 공자의 말은 『장자』「인간세(人間世)」편에 실려 있다.
43 『순자』「정명(正名)」편. "근거 없는 말, 보지 못한 일, 듣지 못한 책략에 대해 군자는 신중해야 한다[無稽之言, 不見之行, 不聞之謀, 君子愼之]."

하다[不聞不若聞之, 聞之不若見之, 見之不若知之, 知之不若行之]"[44]고 인식했다. 동시에 "무릇 논의의 중요함은 계약서처럼 대조할 수 있고, 신표처럼 검증할 수 있는 데 있다[凡論者貴其有辨合, 有符驗]."[45] "현재 사람의 상황에 근거해서 옛사람을 추정하고, 현재 사람의 인정에 근거해서 옛사람의 인정을 판단하며, 현재의 사물에 근거해서 옛날의 동일한 사물을 추정하고, 지금까지 유전되어 온 학설에 근거해서 옛사람의 공로를 헤아리며, 사물의 보편적인 규범으로 옛날의 모든 것을 살핀다[以人度人, 以情度情, 以類度類, 以說度功, 以道觀盡]"[46]라고 주장했다. 순자는 구진을 위해서 이미 하나의 방법론을 깨우쳤던 것이다. 이후에 『중용』의 "널리 배우고 자세히 묻고 신중하게 생각하고 분명하게 분별하고 독실하게 행한다. 배우지 않으면 몰라도 배운다면 능통하지 못함을 그대로 두지 말고, 묻지 않으면 몰라도 묻는다면 알지 못함을 그대로 두지 말며, 생각하지 않으면 몰라도 생각한다면 얻지 못함을 그대로 두지 말고, 분별하지 않으면 몰라도 분별한다면 분명하지 못함을 그대로 두지 말며, 행하지 않으면 몰라도 행한다면 독실하지 못함을 그대로 두지 않는다[博學之, 審問之, 慎思之, 明辨之, 篤行之. 有弗學, 學之, 弗能弗措也. 有弗問, 問之弗知弗措也. 有弗思, 思之弗得弗措也. 有弗辨, 辨之弗明弗

---

44 『순자』「유효(儒效)」편.
45 『순자』「성악(性惡)」편.
46 『순자』「비상(非相)」편.

措也. 有弗行, 行之弗篤弗措也]"[47]는 말은 구진에 대해서 더욱 뛰어난 방법론이다. 『한비자』「현학(顯學)」편에서 고대 역사적 사실에 대해 논한 대목은 특히 날카롭다. "공자와 묵자가 함께 요순을 칭송하여 말하나 그 주장이 서로 엇갈리고 다른데 모두 자신을 일러 정통 요순이라고 말한다. 요순이 다시 살아나지 않는데 장차 누구로 하여금 유가와 묵가의 진실성을 판정하게 할 것인가? 은(殷)과 주(周)가 7백여 년 되고, 우(虞)와 하(夏)가 2천여 년이나 되어도 유가와 묵가의 정통을 판정할 수가 없다. 지금 바로 3천 년 전으로 소급하여 요순의 도를 살펴보려고 하나 아마도 단정할 수 없을 것이다. 검증도 없이 그것을 단정하는 것은 어리석으며, 단정할 수도 없으면서 그것을 근거로 삼는 것은 속임수다. 그러므로 선왕을 근거로 밝히거나 반드시 요순을 단정하는 자는 어리석지 않으면 속이는 자다. 어리석고 속이는 학설과 잡박(雜駁)하게 모순되는 행동을 현명한 군주는 받아들이지 않는다[孔子墨子俱道堯舜, 而取舍不同, 皆自謂真堯舜, 堯舜不復生, 將誰使定儒墨之誠乎? 殷周七百餘歲, 虞夏二千餘歲, 而不能定儒墨之真. 今乃欲審堯舜之道於三千歲之前, 意者其不可必乎! 無參驗而必之者, 愚也. 弗能必而據之者, 誣也. 故明據先王, 必定堯舜者, 非愚則誣也. 愚誣之學, 雜反之行, 明主弗受也]." 유가와 묵가가 서로 정통 요순이라는 말을 믿지 않으며, 강력히 검증을 주

---

47 『중용』이 쓰여진 시대는 아마도 전국시대 혹은 한나라 초기일 것이다. 장심징(張心澂), 『위서통고(僞書通考)』(明倫出版社, 1975) 經部, 327 – 341쪽과 굴만리(屈萬里), 『선진문사자료고변(『先秦文史資料考辨』)』하편, 제2장, 346 – 352쪽 참고.

장하여 검증 없이 단정하는 것은 어리석고, 단정할 수도 없으면서 그
것을 근거로 삼는 것은 속임수라 여기며, 어리석고 속이는 학설을 현
명한 군주는 받아들이지 않는다는 것이다. 옛사람들이 검증을 주장
하는 것을 논했는데, 그 구진의 태도는 천 년이 지난 후에도 여전히
탄복하게 한다. 그래서 중국 고대에는 모든 일에 구진을 추구하는 것
이 보편적인 현상이었다. 다시 회의이성주의(sceptical rationalism)가 출
현하게 되면서,[48] 사학에서 구진의 고증학이 탄생했으며[뒤에서 상
세히 논의함], 이것은 실로 서양 역사가들의 상상 밖이었다.

　서양 고대 사학에서의 구진도 마찬가지로 찬란한 빛을 발했다. 플
럼은 과거의 진상을 염탐하고자 하는 것이 서양 근대 사학의 발전이
라고 생각하는데 이는 논의의 여지가 있다. 서양의 이른바 '역사'는,
그 어원이 그리스 'historia'에서 나온 것으로 '탐구하다, 고찰하다'라
는 뜻을 함축하고 있다. 기원전 4세기에 그리스인은 이미 'historia'를
과거 사건에 대한 전문적인 연구로 간주했다[specific research on past
events].[49] 헤로도토스는 이 단어로 저서의 제목으로 삼았는데[그 책
을 또 『History of the Persian Wars』라고 명명], 그리스인과 타민족이

---

48 이 말은 캐나다 한학자인 E. G. Pulleyblank (1922 -)에게서 나왔다. *The Listener*, 28 Sept.
1961.

49 Arnaldo Momigliano, History and Biography, in Moses Finley, ed., *The Legacy of
Greece: A New Appraisal*, p. 158; 또 버터필드(Herbert Butterfield)는 말한다: "처음부터, 그
리스인이 제기한 '역사'는 일종의 '고찰'이다."
"From the first, 'history' had presented itself to the Greeks as a kind of 'investigation'."
(Herbert Butterfield, *The Origins of History*, p.133)

서로 공격하는 원인을 탐구하고자 했다.[50] 그래서 헤로도토스의『페르시아 전쟁사(History of the Persian Wars)』는 단순히 서사적인 것이 아니다. 그는 분석의 필치로 전쟁을 묘사했으며, 동시에 민족지(民族誌)와 제도의 연구를 통해 이 전쟁과 그 결과를 해석했다.[51] 그로부터 그리스는 인류를 위하여 역사의 새로운 장을 열었으니, 과거의 사건을 논의했으며, 과학적인 방식(scientific manner)으로 사실 자체를 반드시 고찰해야 함을 각성했다.[52] 그리하여 그리스에는 절대적인 역사란 없으며, 과거지사를 확정짓지도 않았고, 오직 추리의 재건(speculative reconstruction)만이 있었는데,[53] 이것이 그리스 사학의 특색으로 사학에서의 구진은 이것이 대전제이다. 사학에서의 포폄(褒貶)은 그에 상응하여 줄어들었다. 헤로도토스와 투키디데스 모두 구진을 위하여 지나친 포폄을 멀리했다.[54] 폴리비우스(Polybius)의 견해는 더욱 놀랍다. "국가에 충성하고, 친구에게 신의가 있으며, 좋은 친구는 친구가 되고, 나쁜 친구는 적이 되는 것이 원래 인지상정이다. 그러나 역사가로서는 이러한 정서를 버려야 한다. 적의 행위가 칭찬받을 만하면 칭찬해야 하고, 친구라도 잘못을 저지르면 엄한 어조로 꾸짖어야 한다. 사람이 두 눈을 잃으면 장애자와 같은데, 마찬가지로 역사에 진실이 부족하

---

50 Moses Finley, *The Use and Abuse of History*, 1975, p. 30.

51 Arnaldo Momigliano, *History and Biography*, p. 158.

52 Herbert Butterfield, *The Origins of History*, p. 118.

53 Ibid., p. 46.

54 Arnaldo Momigliano, *History and Biography*, p. 161.

면 무익한 헛소문이 될 뿐이다. 그래서 우리는 친구라고 해서 비난하지 않으면 안 되며, 혹은 적이라고 해서 칭찬하지 않으면 아니 된다. 마찬가지로, 한 사람에 대해서 칭찬해야 하면 칭찬하고, 폄하해야 하면 폄하한다. 왜냐하면 어느 누구라도 일을 하는데 있어서 잘못이 없다고 보증할 수 없기 때문이다. 역사적으로 우리는 치우치지 않고 올바른 태도를 취해야 하는데, 이는 마치 한 배우의 좋고 나쁨에 대하여 그의 연기의 좋고 나쁨에 따라서 판단하고 평가해야 하는 것과 같은 것이다."[55] 역사가는 치우치지 않는 올바른 태도를 취해야 하며, 적과 우군을 구분하지 않고 칭찬받을 만하면 칭찬해야 하고 잘못을 저지르면 꾸짖어야 하는데, 이는 중국 고대 사학에서의 '친한 자를 숨겨주고[為親者諱],' '어진 자를 숨겨주고[為賢者諱],' '존경하는 자를 숨겨주고[為尊者諱],' '중국을 숨겨주는[為中國諱]'[56] 것과 비교하면 구진에 있어서는 서로가 정말로 천양지차나 다름없다.[57] 로마 시대에 이르러서도 역사가들은 여전히 "역사의 첫 번째 철칙이 작가는 반드시 진리를 밝히는 것을 두려워해서는 안 되며, 두 번째는 용감하게 진리를 전부 드러내야 하며, 세 번째는 그 작품 중에 편견 없이 의미를 담

---

55 Polybius, *The Histories*, p. 114〔trans. M. Chambers〕; 王任光, 「波力比阿斯的史學」, 『臺大歷史系學報』 제3기, 1976. 참고.

56 『춘추공양전(春秋公羊傳)』: "莊公四年, 春秋為賢者諱; 閔公元年, 春秋為尊者諱, 為親者諱, 為賢者諱; 僖公十七年, 春秋為賢者諱; 襄公元年, 春秋為中國諱; 昭公二十年, 春秋為賢者諱."

57 중국 사학에서의 '為親者諱', '為賢者諱', '為尊者諱', '為中國諱'는 달리 사학에서의 경계가 있다. 杜維運, 『史學方法論』(三民書局, 1987년 9월 제9판) 제18장 「史學上的美與善」, 296-298쪽 참고.

아야 함을 모르는 자가 있는가?"[58] 라고 끊임없이 주장하고 있다. 그래서 사학에서의 구진이 서양과 중국에서 똑같이 발전이 매우 빨랐으며, 둘 다 찬란히 빛을 발했지만 서양이 더욱 철저했다. 플럼의 이른바 과거의 진상을 염탐하기를 희망하는 것이 서양 근대 사학의 발전이라는 것은 분명 정확하지 않은 논리이다.

4. 회의(懷疑)

회의이성주의(sceptical rationalism)는 중국과 서양 모두 고대에 출현했다. 서양에서 '역사의 할아버지'라 불리는 헤카테우스(Hecataeus)[59]는 『그리스 고대사』의 서문에서 "내가 이곳에 기록한 것은 내 스스로 그것이 진실이라고 믿은 것이다. 그리스인이 말한 이야기들은 많고 많은데 내가 볼 때는 황당하기 그지없다."[60]라고 말했다. 이 얼마나 투철한 회의 정신인가![61] 헤로도토스는 『페르시아 전쟁사』에서 이렇게 말했다. "나의 일은 사람들이 말한 것을 기록하는 것인데, 나는 절대로 무조건적으로 그것을 믿지는 않는다."[62] 투키디데스는 스스로 보

---

58 Cicero (106 - 43 B. C.), *De Oratore*, II 62 (M. Antonius Orator) [trans. E. W. Sutton].

59 Michael Grant, *The Ancient Historians*, p. 19:
  "If Herodotus was history's father, Hecataeus might be called its grandfather."

60 헤카테우스(Hecataeus)가 그 책 Genealogies에 서문을 쓰면서 한 말.

61 헤카테우스(Hecataeus)의 회의이성주의에 관하여 J. B. Bury, *The Ancient Greek Historians*, p. 19 - 20 참고.

62 Herodotus, *History of the Persian Wars*. VII 152 [trans. A. De Selincourt].

고들은 것 이외의 모든 역사를 의심하여 오로지 당대의 역사만을 저술하게 되었는데, 자기가 직접 눈으로 보고 귀로 들은 것을 근거로 해서 집필했다. 그는 일찍이 다음과 같이 말했다. "나는 이미 아주 먼 옛날의 진실하고 구체적인 지식을 얻을 수 없으며, 설령 한 세대 전의 역사라 하더라도 시간적으로 너무 요원하다는 것을 깨달았다."[63] 이러한 회의이성주의는 로마 역사가 리비우스의 손에 이르러 대부분 훼손되었다. 그는 초기 로마 역사의 옛 기록들을 수집하여 일관되게 서술한 로마사를 주조해 냈다. 그는 뜻밖에도 전설이 어떻게 형성되는지, 어떻게 곡해되는 단계를 거치는지를 발견했으며, 그는 그것을 채용하거나 혹은 버리거나[64] 함으로써 '진리를 완전히 무시한다'는 오명을 뒤집어썼다.

중국에는 회의이성주의의 유구한 전통이 있었는데, 예를 들면 중국 학술 사상계를 2천여 년 동안을 지배해 온 유가는 시종 괴력난신(怪力亂神)을 반대했으며, 회의 이성을 갖추었다. 선진 유가는 말할 것도 없고, 한나라 이후의 비교적 순수한 유가는 모두 이지적이고 청명(淸明)하여 미신을 극력 반대했다. 회의이성주의가 사학에서는 역사가들로 하여금 기존의 문자기록을 쉽게 믿지 않도록 촉구했는데, 이것은 사학에 있어서 매우 중요한 회의 정신으로 구진의 고증학이 여기에서 발아했다. 춘추시대에 공자가 『춘추』를 저술하면서 "사실을

63 Thucydides, *History of the Peloponnesian War*, 1 20 〔trans. R. Warner〕.
64 R. G. Collingwood, *The Idea of History*, p. 38 참고.

분명하게 기록함으로써 믿을 만한 것을 전하고, 의심스러운 것은 그대로 기록함으로써 의심스러운 것을 전했다[信以傳信, 疑以傳疑].”[65] 전국시대에 이르러 일생을 공자의 대업을 계승하기로 뜻을 세운 맹자는 “『서경(書經)』을 그대로 다 믿는다면 『서경』이 없느니만 못하다. 나는 「무성(武成)」 편에 있어서는 두서너 쪽만 취할 따름이다. 인자한 사람은 천하에 대적할 사람이 없다. 지극히 인자한 사람이 극도로 인자하지 않은 사람을 쳤는데, 어찌 피가 흘러 절굿공이가 떠내려 갔단 말인가[盡信書則不如無書, 吾於武成, 取二三策而已. 仁人無敵於天下, 以至仁伐至不仁, 而何其血之流杵也]?”[66]라고 공언했다. 이것은 사학에서의 회의 정신이다. 이로부터 중국의 역사가들은 궐의할 수 있었으며 또한 회의할 수 있었다. 사마천은 천하에 흩어진 글과 옛일을 망라하여 『사기』를 저술하면서 까마득한 옛날의 고증하기 어려운 역사적 사실에 대해서는 항상 회의했다. 「오제본기(五帝本紀)」찬(贊)을 살펴보면, “학자들이 대부분 오제를 칭송한 지 오래되었다. 이에 『상서』에도 단지 요 이후의 일만 실렸다. 그리고 백가들이 황제에 대해 말하고 있지만, 그들의 문장은 바르지도 믿을 만하지도 않아 학자나 사관들은 말하기를 꺼린다. 유학자 중에 어떤 이는 공자가 전한 「재여문(宰予問)」·「오제덕(五帝德)」과 「제계성(帝繫姓)」을 전하지 않기도 한다. 나는 일찍이 서쪽으로는 공동에 이르렀고 북

---

65 『춘추곡량전(春秋穀梁傳)』 환공(桓公) 5년.
66 『맹자』 「진심(盡心)」 편.

쪽으로는 탁록을 지나왔으며, 동쪽으로는 바닷가까지 갔었고 남쪽으로는 장강과 회수를 건넌 적이 있는데, 때로는 덕이 높은 노인들이 황제와 요순을 칭송하는 곳에 가서 보면 풍속과 교화가 확연히 다른데, 이것들을 총괄해 보면 옛글의 내용에 어긋남이 없고 사실에 가깝다. 내가 『춘추』와 『국어』를 살펴보았는데, 그 내용에 「오제덕」과 「제계성」을 뚜렷하게 밝혀 놓은 것이 명백하니, 다만 깊이 고찰하지 않은 것에 불과할 뿐, 거기에 기술된 내용이 전부 허황된 것은 아니다. 『상서』에 누락되어 연도의 간격이 있는데, 그 누락된 부분들은 때때로 다른 책에서 발견된다. 배우기를 좋아하고 생각을 깊이 해서 마음으로 그 뜻을 깨달은 사람이 아니라, 본 것이 별로 없고 들은 바가 적은 사람에게 이 이야기를 한다는 것은 진실로 어렵다. 나는 자료를 수집하여 순서에 맞게 편집하면서, 그 말 가운데 특별히 바른 것을 채용하여 「본기」를 저술하여 이 책의 첫머리로 삼는다[學者多稱五帝, 尚矣. 然『尚書』獨載堯以來, 而百家言黃帝, 其文不雅馴, 薦紳先生難言之. 孔子所傳「宰予問」·「五帝德」及「帝繫姓」, 儒者或不傳. 余嘗西至空峒, 北過涿鹿, 東漸於海, 南浮江淮矣. 至長老皆各往往稱黃帝堯舜之處, 風教固殊焉. 總之不離古文者近是. 予觀『春秋』·『國語』, 其發明「五帝德」·「帝繫姓」章矣, 顧弟弗深考, 其所表見皆不虛. 書缺有間矣, 其軼乃時時見於他說. 非好學深思, 心知其意, 固難爲淺見寡聞道也. 余並論次, 擇其言尤雅者, 故著爲

本紀書首]."[67]라고 하여 백가의 고상하고 품격 있는 말을 가벼이 믿지 않았으며, 반드시 친히 방문한 것과 공자가 전한 「오제덕」과 「제계성」 두 편의 황제와 요순에 관한 정식 기록들을 근거로 하고, 『춘추』와 『국어』의 기록들도 참고하여 사마천은 이미 회의로부터 출발하여 그만의 일련의 고증학을 창조해 냈다. 게다가 그는 이미 고증의 표준을 만들었는데, '기록된 서책들이 매우 많으나 믿을 만한 것은 육예에서 찾을 수 있다[載籍極博, 猶考信於六藝]'[68]고 하여, 헤아릴 수 없을 정도로 많은 자료 중에서 말이 정확하고 비교적 일차적인 자료인 육예로써 고증의 표준으로 삼았으니, 이는 이미 대단히 진보한 고증학이다. 그래서 회의이성주의가 비록 중국과 서양에서 똑같이 일찍이 출현했지만, 서양에서는 적당한 발전을 이루지 못했으며, 중국에서는 사학에서 없어서는 안되는 고증학으로 발전했다. 중국과 서양의 고대 사학을 비교하면서 생각이 여기에 이르면 누가 앞서고 누가 뒤에 처지는지 절반 이상은 짐작할 수 있으리라.

---

67 『사기』 「오제본기」.
68 『사기』 「백이열전」.

제4장

사학 저술의 업적 비교(상)

류이징(柳詒徵)의 『국사요의(國史要義)』 「사원(史原)」 편은
이러하다.

　　명분은 사람을 다스리는 데 있어서 대단히 중요한 것으로, 옛
사람들은 그것을 예에 활용했으며, 예를 잃으면 역사에 의지하
여 나라를 다스리는 데 도와주었다. 그러나 명교[名教, 유가의
가르침]의 효용은 그것으로 사람들을 규제하고 연계하는 수단
으로 사용해 왔으며, 수천 년에 걸쳐 변함이 없었다. 다른 민족의
정책은 본래 예의와 명교에 근거하지 않고 오로지 공리(功利)만
을 숭상하여 역사서에서 그것을 비교해보면, 그것이 딱 맞아떨
어져야 하는데 서로 맞지 않는다. 무릇 사람들은 흩어지게 마련
이며, 각 민족의 선철(先哲)들은 물론 모두 무리들을 규제하고 연
계하는 핵심요소를 쥐고 있었으니, 혹은 무력으로, 혹은 종교로,
혹은 법률로, 혹은 물질로 모두 다 그만한 효력을 지닌다. 우리
민족이 흥한 데에는, 무력이 없었던 것도 아니고, 종교가 없었던
것도 아니며, 법률이 없었던 것도 아니고, 또한 물질이 부족한 것
도 아니었으며, 다만 다른 민족의 역사적 자취를 쫓아가는 데 휩
쓸리지 않고, 조심스레 공허한 명분으로나마 인류를 나날이 활

용하는 데 주력했을 따름이다. 내가 역사를 다룸에 있어서, 근원을 얻지 못하고서 그 이해득실의 소재를 깊이 가늠할 수 있겠는가?

名者人治之大, 古人運之於禮, 禮失而賴史以助其治. 而名教之用, 以之爲約束聯繫人群之柄者, 亘數千年而未替. 以他族之政術本不基於禮義名教, 而惟崇功利之史籍較之, 宜其鑿枘而不相入矣. 夫人群至渙也, 各民族之先哲, 固皆有其約束聯繫其群之樞紐. 或以武功, 或以宗教, 或以法律, 或以物質, 亦皆擅有其功效. 吾民族之興, 非無武功, 非無宗教, 非無法律, 亦非匱於物質, 顧獨不偏重於他民族史迹所趨, 而兢兢然持空名以致力於人倫日用. 吾人治史, 得不極其源流, 而熟衡其利弊得失之所在乎?

「사권(史權)」 편은 이러하다.

주나라의 사관은 최고의 자료 창고이자 예제를 실시하는 예제관이며, 완비된 도서관으로 재상의 하급 관리이지만 그를 함부로 하지 못한다. 이것으로 논하자면, 후세의 사서에서 채용한 광지(廣志)·예악(禮樂)·병형(兵刑)·직관(職官)·선거(選擧)·식화(食貨)·예문(藝文)·하거(河渠)·지리(地理), 그리고 제후세가와 열국의 기록과 주변 속국의 번봉에 이르기까지 도량과 학식이 대해처럼 넓은 사람만이 감당할 수 있다. 고대의 사관이 총괄하면서부터 우리 역사의 체계를 밝히는 데 부족함이 없다. 본기에 기록하고 열전에 기재하며 세표에 연계시키고, 어떤 관리를 임명하고, 어떤 봉작을 내리고, 어떤 관직을 설치하고, 어떤 관원을 감원하고, 법률을 바꾸고, 어떤 범죄를 징벌하고, 후인을 등용하고, 누구를 제사 지내는 등 일일이 모두 사관이 관장한다. 후세의 사관은 그 규범을 계승하여 기술해야 한다. 예전의 기술을 담당한 자들은 공히 사관에 속했으나, 후세에 기술을 담당한 자들은 각기 꾀하는 바가 달라서, 사서(史書)는 집필자의 저술에 속할 뿐이었다. 다른 민족이 나라를 건국했으나 이러한 규모는 없었는데, 문인 학자들이 스스로 시문을 짓거나, 혹은 종교를 서술하거나 영웅을 칭송했으며, 부질없이 무력을 자랑하면서 서로 서책을 훼손하거나, 민속을 잡다하게 기록하여 사회지(社會志)가 되었으니, 그 체계는 본래 우리 역사와는 차별된다. 혹자는 우리 역사가 공문서처럼 간략하여 그 활동들이 상세하지 못하다고 비평하는데, 이는 바로 정치와 종교와 역사의 체제가 각기 그 연원이 있어서, 우리나라 정치의 법통을 알아야만 비로소 우리 역사의 계통을 이해할 수가 있다.

周之史官, 爲最高之檔案庫, 爲實施之禮制館, 爲美備之圖書府, 冢宰之僚屬不之逮也. 由是論之, 後世史籍所以廣志禮樂兵刑職官選擧食貨藝文河渠地理, 以及諸侯世家, 列國載記, 四裔藩封, 非好爲浩博無涯涘也. 自古史職所統, 不備不足以明吾史之體系也. 而本紀所書, 列傳所載, 世表所繫, 命某官, 晉某爵, 設某職, 裁某員, 變某法, 誅某罪, 錄某後, 祀某人, 一一皆自來史職所掌, 而後史踵其成規, 當然記述者也. 惟古之施行記述, 同屬史

官, 後世則施行記述, 各不相謀, 而史籍乃專屬於執筆者之著述
耳. 他族立國, 無此規模, 文人學者, 自爲詩文, 或述宗敎, 或頌英
雄, 或但矜武力, 而爲相斫書, 或雜記民俗而爲社會志, 其體系本
與吾史異趣. 或且病吾史之方板簡略, 不能如其活動周詳. 是則
政宗史體, 各有淵源, 必知吾國政治之綱維, 始能明吾史之系統
也.

또 「사련(史聯)」 편은 이러하다.

　세인들은 창작을 자랑스럽게 말하며 걸핏하면 옛사람을 비
난하는데, 옛사람의 정치학술 저작의 정심함에 대해서는 모두
잘 살피지 않는다. 사마천이 정심하게 창제한 기전서세(紀傳書世)
가 모두 표에 흡수되어 세표는 종횡으로 낭랑하고 세세하게 달
마다 두루 각 나라를 아울렀다. 이를 읽는 자가 제일 먼저 알아야
하는 것이, 서양의 기원전 백 년 동안에 어느 나라에 이러한 사서
(史書)가 있어서 이집트·바빌론·페니키아·페르시아·그리스·
로마 각 나라의 행사를 연도와 월별로 본말이 산뜻하게 이해되
도록 상세하게 기록했는가? 또한 사마천은 실마리를 바로잡아
위로 『주보(周譜)』를 계승했으니 기원전 일백 년에 지나지 않았
다. 무릇 우리 정교(政敎)가 포괄하는 것이 광범한데, 고로 그 저
작에서 언급한 것은 주(周)이며, 역사책 묶음은 바로 이 표보(表譜)
[『춘추』는 죽간에 기록했으며, 표보는 아마도 비단에 기록했을

것이다]가 되었다. 후에 진초(秦楚)시대에 이르러 세상이 난세로 어지러워지고, 군웅들의 사적(事迹) 역시 시간 순으로 기록했다. 다른 나라의 동시대 역사는 이와 같을 수 있는가? 『사통(史通)』은 처음에는 표력(表歷)을 비난했으나 나중에는 역시 찬미했는데, 역사 논평에 있어서 달리 비교할 나라가 없었다. 금세의 사람들은 역사를 논함에 있어서, 특히 외국의 역사와 비교 검토해 보면 비로소 우리 역사의 창의(創意)가 미치지 못함을 알게 된다. 또 요즈음 사람들은 우리 민족이 기록한 호구(戶口) 숫자가 대부분 불확실하여, 이는 참으로 조속히 바로잡아야 한다고 지적하면서 그것으로 옛사람을 비난하는데, 이 또한 우리 역사의 훌륭함을 모르는 것이다. 『한서』 「지리지」가 군국의 호구 수를 상세히 기록한 것처럼, 내가 일찍이 의문을 가지고 외국의 서책을 읽어 보았으되 서기 기원 때에 즈음하여 오늘날 유럽 대소 도시 호구의 세세한 숫자처럼 상세하게 기록한 것이 있는가? 더욱이 『한지(漢志)』가 호구를 기록한 것은 평제(平帝) 때 기록하기 시작한 것이 아니라, 그 근원은 주대(周代) 사민(司民)이 매년 만민의 생사를 기록한 것에서 비롯된 것으로, 민정이 호구를 중요시한 바로는, 누가 있어 우리나라보다 앞선단 말인가? 다만 근래 백 년 동안 국력이 부진한 것이 내가 쇠락한 것처럼 모두가 이전 사람들이 물려준 재앙을 이어받고서는 나라의 영광을 제창할 줄 모른다. 역사에서의 표지(表志) 한 면만을 살펴봐도 대략을 알 수 있다.

世人矜言創作, 動輒詆訶古人, 而於古人政治學術著作之精微, 都不之察. 史公創製之精, 紀傳書世皆攝於表, 旁行斜上, 縱橫朗然, 瑣至逐月, 大兼各國. 讀此者第一須知在西曆紀元前百年間, 何國有此種史書, 詳載埃及·巴比倫·腓尼基·波斯·希臘·羅馬各國行事, 年經月緯, 本末燦然者乎? 且史公端緒, 上承『周譜』, 在西元前更不止百年. 蓋吾政教所包者廣, 故其著作所及者周. 竹素編聯, 乃能爲此表譜. [『春秋』書之竹簡, 表譜殆必書之縑素] 下迄秦楚之際, 世亂如麻, 而群雄事迹, 亦能按月記注. 他國同時之史, 能若是乎? 『史通』初病表歷, 後亦贊美. 止就國史評衡, 未與殊方比勘. 今人論史, 尤宜比勘外史, 始有以見吾史之創製爲不可及矣. 又如今人病吾族記載戶口數字多不確實, 是誠亟宜糾正. 然因此譙訶昔人, 則又未知吾史之美. 如『漢書·地理志』詳載郡國戶口, 吾嘗詢之讀域外書者, 當西曆紀元時, 有詳載今日歐洲大小都市戶口細數者乎? 且『漢志』之紀戶口, 又非自平帝時始有紀錄, 其源則自周代司民歲登下萬民之生死而來. 民政之重戶口, 孰有先於吾國者乎? 徒以近百年間, 國力不振, 遂若吾之窳敝, 皆受前人之遺禍, 而不知表章國光. 卽史之表志一端觀之, 可以槪見矣.

「사덕(史德)」 편은 이러하다.

　　나라가 자력으로 떨쳐 일어나지 못하니 과장하는 습관이 이미 시작되었다. 다른 민족의 옛날 초기의 우매함을 보고서는 우리나라 신성한 문명을 믿지 않고, 천하의 통치도, 나라와 백성을 다스리는 것도, 위대한 강령도, 훌륭한 법규와 선의도, 역대로 승계된 역사에 대한 믿음도 모두가 다 의심스럽다. 그렇게 의심하는 사람들은 다른 종족이 그 당시에 토템의 부락에 불과했으므로 우리 민족이 동아시아에서 이런 대국을 세울 수 없었을 것이라는 점이다. 또한 근래 수 년 간의 기만으로 옛사람의 거짓 핑계를 미루어 생각해 보면, 사실이라고 믿지 않을 뿐만이 아니라, 이 상국가라고 여긴 서책 역시 감히 그 당시에 어떻게 이러한 이상이 있었는지 추론하지 못한다. 단지 옛사람의 뼈 조각과 완전치 못한 서책을 통해서 달리 추정해 보면, 필연적으로 춘추전국의 분열에 이르러서야 비로소 진한(秦漢)이 통일할 수 있었으나 춘추전국과 진한의 제도 사상의 유래 또한 그 연유를 깊이 사유할 수가 없다. 미천하고 두려움이 심하여 마치 우리 민족은 하나도 제대로 된 것이 없는 것 같은데, 무릇 역사의 자취가 유달리 탁월한 것은, 외부의 힘이나 혹은 다른 종족에 의하지 않고는 이와 같은 성취는 있을 수가 없다.

　　國不自振, 誇大之習已微. 以他族古初之蒙昧, 遂不信吾國聖哲之文明, 擧凡步天治地, 經國臨民, 宏網巨領, 良法美意, 歷代相承之信史, 皆屬可疑. 其疑之者, 以他族彼時不過圖騰部落, 吾族似不能早在東亞建此大邦. 復以輓近之詐欺, 推想前人之假託, 不但不信爲事實, 卽所目爲烏托邦之書, 亦不敢推論其時何以有此理想. 祇能從枯骨斷簡, 別加推定. 必至春秋戰國之分裂, 始能爲秦漢之統一, 而春秋戰國秦漢制度思想之所由來, 亦不能深惟其故. 至其卑葸已甚, 遂若吾族無一而可, 凡史迹之殊尤卓越者, 匪籍外力或其人之出於異族, 必無若斯成績.

'외국의 역사와 비교 검토해 보면 비로소 우리 역사의 창의(創意)가 미치지 못함을 알게 된다.' 참으로 정곡을 찌르는 말이다. 류씨는 국사(國史)에는 정통하나 외국사를 전문적으로 연구한 적이 없어서, 중서의 사학을 비교함에 있어서 자연히 세밀함은 부족하나 대략은 이해한다. 중국을 일러 '예를 잃으면 역사에 의지하여 나라를 다스리는 데 도와주었다. 그러나 유가의 가르침의 효용은 그것으로 사람들을 규제하고 연계하는 수단으로 사용되었으며, 수천 년에 걸쳐 변함이 없었다'라고 평가했다. 이는 '다른 민족의 정책은 본래 예의와 유가의 가르침에 근거하지 않고 오로지 공리(功利)만을 숭상한 역사서'와 서로 비교하면 당연히 맞지 않는다. 중국의 역사서를 일컬어 '광지(廣志)·예악(禮樂)·병형(兵刑)·직관(職官)·선거(選擧)·식화(食貨)·예문(藝文)·하거(河渠)·지리(地理)'라고 했으며, '본기에 기록하고 열전에 기재하며 세표에 연계시키고, 어떤 관리를 임명하고, 어떤 봉작을 내리고, 어떤 관직을 설치하고, 무슨 관원을 감원하고, 법률을 바꾸고, 어떤 범죄를 징벌하고, 후인을 등용하고, 누구를 제사 지내는 등 일일이 모두 사관이 관장하며,' 그리고 '다른 민족이 나라를 건국했으나 이러한 규모는 없었는데, 문인학자들이 스스로 시문을 짓거나 혹은 종교를 서술하거나 영웅을 칭송했으며, 부질없이 무력을 자랑하면서 서로 서책을 훼손하거나, 민속을 잡다하게 기록하여 사회지가 되었으니,' 중국과 서양의 역사서는 자연히 그 취향이 크게 다르다. 중국의 사표(史表)는 '세표가 종횡으로 낭랑하고 세세하게 달마다 두루 각 나라를 아울렀으며,' 중국의 『한지(漢志)』는 '군국의 호구 수를 상세히 기록했는데,' '그 근원은 주대 사민이 매년 만민의 생사를 기록한 것에서 비롯된 것으로,' 무릇 이는 모두 중국이 서양〔류씨가 말하는 타족이란, 주로 서양 종족을 지칭한 것이다〕에 앞선 점이다. 그래서 중국과 서양 사학의 같고 다름과 우열을 가리고자 한다면 사학 저술의 성과를 비교하는 것이 매우 중요하다. 따라서 아래에서 상세하게 비교하고자 한다.

1. 사학 저술의 자료

사학 저술의 근본은 자료에 있으며, 역사가들이 어디에서 자료를 채집하여 명저(名著)를 저술하는지가 바로 사학 저술의 우열을 결정짓는 최대의 관건이다.

서양 고대 사학 저술의 자료는 건실하지가 못하다.

서양 근대 역사가들은 서양 사학의 발원지인 그리스의 초기 역사는 편찬될 수가 없다고 여겼는데, 그 이유는 문헌이 없었고, 기록된 사건이 없었으며, 당사자의 보고서가 없었다.[1] 그리스 왕들이 그리스 도시를 통치할 때 그 업적을 기록으로 남기지 않았으며, 동양〔여기

---

1 M. I. Finley, *The Use and Abuse of History*, 1975, p. 20.

에서 말하는 동양이란 이집트, 티그리스와 유프라테스강 유역, 소아시아와 팔레스타인과 페르시아 등 지역이다]과 유사한 편년사를 편찬하지 않았다.[2] 당시 그리스인들은 그들의 경험을 문헌에 기록할 아무런 동기도 없었으며, 그들이 애호하는 유일한 역사는 서사시가 제공한 역사이다.[3] 그래서 기원전 5세기에 그리스 사학이 출현할 때까지 그리스는 아직 풍부한 문자 기록을 보유하지 못했다. 그리스 역사가들은 따라서 오로지 '구두(口頭)를 믿을지언정 문자 증거를 취하지 않는 원칙'을 따를 뿐이었다. 그리하여 구전(oral tradition)은 그리스 사학 저술 중에서 가장 중요한 역할을 담당했던 것이다. 헤로도토스는 주로 구전에 의거하여 『페르시아 전쟁사』를 저술했는데, 그는 이집트·바빌론·메소포타미아·팔레스타인·러시아 남부·아프리카 북부 등지를 여행하면서 자료를 수집했으며, 가는 곳마다 접촉한 인물의 입으로부터 지난 일들을 탐문했다.[4] 중시할 만한 것은 그의 관념에서 가장 좋은 증거란 직접 관찰하여 취득한 것이고, 그 다음으로 믿을 만한 목격자의 보도에 근거하는 것으로, 이는 역사 연구에 대한 일종의 특수한 관점을 의미하는데, 즉 역사 연구는 반드시 관찰하여 검증할 수 있는 증거에 의거해야 한다는 것이며,[5] 사학에서 이것은 당

2 Herbert Butterfield, *The Origins of History*, 1981, p. 130.

3 J. B. Bury, *The Ancient Greek Historians*, p. 3.

4 Herbert Butterfield, *The Origins of History*, p. 130 – 131; 국내(대만) 저작으로는 李美月, 『希羅多德波希戰史之研究』(正中書局, 1977), 제4장 「波希戰史的史料問題」 참조.

5 Arnaldo Momigliano, "History and Biography" in Moses Finley ed., *The Legacy of Greece: A New Appraisal*, p. 159.

연히 매우 높은 경계(境界)이다. 헤로도토스 이후의 가장 유명한 역사가인 투키디데스는 『펠로폰네소스 전쟁사(History of the Peloponnesian War)』를 저술했는데 직접 관찰과 목격자의 구두 보도가 문자 증거보다 더 취할 만하다고 여겼으며,[6] 특히 직접경험(direct experience)[7]을 중시하여 오로지 스스로 경험할 수 있는 당대사를 집필하는 것을 선호했다. 폴리비우스에 이르러 자료 수집의 방법은, 하나는 직접 눈으로 보는 것이며 다른 하나는 직접 귀로 듣는 것인데, 듣는 것 또한 두 가지로 나뉜다. 하나는 '살아 있는 사람'에게 듣는 것으로 목격자를 탐방하는 것이고, 다른 하나는 '죽은 사람'에게 듣는 것으로 문헌을 탐독하는 것이다. 세 가지 중에서 직접 눈으로 보는 것이 최상이며, 목격자를 탐방하는 것이 그 다음이고 문헌을 탐독하는 것이 최하이다. 그는 '도서관 안의 학자'를 준엄하게 나무라면서 현지 조사와 직접경험을 강조했다.[8] "전쟁 경험이 없는 사람은 전쟁을 논할 수 없으며, 정치 경험이 없는 사람은 역시 정치를 논할 수 없다. 마찬가지로 단지 서책에만 의지하고 실제 지식이 없이 세부 사항을 명백히 이해하지 못한 사람이 쓴 역사서 역시 아무런 가치가 없다."[9] "역사가는 가장 중요하고, 또한 모든 사람이 가장 관심 갖는 일에 대해서 당연히 실체적인 경

---

6 Ibid., p. 160.

7 Arnaldo Momigliano, *Essays in Ancient & Modern Historiography*, Wesleyan University Press, 1977, p. 162.

8 王任光, 「波力比阿斯的史學」 참조. 〔王任光 · 黃俊傑 편, 『古代希臘史研究論集』(成文出版社, 1979. 8)에 수록되어 있다〕

9 Polybius, *Histories*, book 12, 25g.

험이 있어야 한다."[10] 그렇게 직접경험을 중시한 것은 투키디데스와 앞뒤 맥락이 같다. 그리하여 역사가는 당대사를 쓸 수밖에 없다는 것이 그의 신념이 되었다.

그리스 역사가들은 주로 구전의 자료를 채용하여[11] 사학 대작들을 저술했는데, 그 기초는 아주 견실하지 못하다. 전설은 과장되게 묘사되었으며 억지로 둘러맞추어졌다. 가장 믿을만한 목격자는 관찰과 기억의 한계로 말미암아 지난 일을 분명하고 정확하게 표현하지 못했고, 사건의 절반을 힐끗 보고는 상상에 의지하여 나머지를 확대시켰으며, 게다가 기억의 부정확함이 더해져 서술의 진위(眞僞)가 일정하지 않았다. 투키디데스는 어떤 경우에는 직접 강연을 들었지만 정확하게 기억할 수가 없었으며, 어떤 경우에는 다른 사람의 보고에 근거했는데, 그 대원칙은 말하는 자의 요점과 뜻을 취하여 이야기된 것만을 서술하는 식이었다. 분명한 것은 이 원칙은 저자에게 큰 자유를 주었으나 말한 자와는 커다란 차이가 있었음이 틀림없다.[12] 기록

---

10 Ibid., book 12, 25h.

11 모미글리아노(Arnaldo Momigliano)의 학설에 의하면, 기원전 5세기의 그리스 역사가들은 문서 자료를 응용하는데 거의 흥미가 없었으며, 헤로도토스와 투키디데스 모두 마찬가지였다 (Arnaldo Momigliano, *Essays in Ancient & Modern Historiography*, p. 32); 그들 역시 체계적으로 문서를 연구하지 않았다(Ibid., p. 142). 헤로도토스는 시와 산문으로 된 자료를 사용한 적이 있으며, 또한 그리스와 페르시아의 공식자료를 사용하기도 했다. (자세한 내용은 李美月의 저서 『希羅多德波希戰史之硏究』 제4장 참조.) 하지만 횟수는 아주 미미한데, 예컨대 그리스 공식 자료는 헤로도토스 시대까지이고, 국왕이나 행정관과 남녀 사제의 명단에 국한되었을 뿐이다.

12 J. B. Bury, *The Ancient Greek Historians*, p. 109:
   "In some cases he [Thucydides] heard speeches delivered, but it was impossible for him to remember them accurately; and in other cases he had to depend on the oral reports of

이 진실한 수많은 역사는 또한 어디에서 찾을 것인가? 다행히도 그리스 역사가는 한 사람의 목격자를 반복적으로 관찰하는 방법을 발명했다.[13] 그들은 보고자의 초기의 기억이 사실에 근접한다는 것을 쉽사리 믿지 않았으며, 말한 자는 약간의 문제에 직면했는데 이런 문제였다. "당신은 당신의 기억이 진실하다고 확신하는가? 당신이 지금 말하는 것과 어제 말한 것은 서로 모순되지 않는가? 당신은 당신이 서술한 사건과 다른 사람의 확연히 다른 서술을 어떻게 조화시킬 것인가?"[14] 이처럼 목격자를 관찰하는 것은 그리스 역사가들의 사학에 대한 커다란 공헌이었다. 그들은 이미 과학적인 방식으로 역사 자료를 다룰 줄 알았으며,[15] 이는 사학에 구진(求眞) 정신을 충만하게 했다.

로마 시대는 공적, 사적 문헌 자료가 그리스 시대에 비해 풍부했다. 역사가들은 한편으로 그리스의 전통을 답습하여 구전 자료를 채

---

others. His general rule was to take the general drift and intention of the speaker, and from this text compose what he might probably have said. It is clear that this principle gave great latitude to the author, and that the resemblances of the Thucydidean speeches to those actually spoken must have varied widely according to his information."

13 R. G. Collingwood, *The Idea of History*, p. 25; Herbert Butterfield, *The Origins of History*, p. 134; p. 186.

14 R. G. Collingwood, *The Idea of History*, p. 25:
"This conception of the way in which a Greek historian collected his material makes it a very different thing from the way in which a modern historian may use printed memoirs. Instead of the easy – going belief on the informant's part that his prima facie recollection was adequate to the facts, there could grow up in his mind a chastened and criticized recollection which had stood the fire of such questions as 'Are you quite sure that you remember it just like that? Have you not now contradicted what you were saying yesterday? How do you reconcile your account of that event with the very different account given by so – and – so?'"

15 Herbert Butterfield, *The Origins of History*, p. 136.

용했으며, 다른 한편으로는 문헌 자료 수집에 주력했다. 리비우스가 쓴『로마사』처럼 토대는 초기 로마사의 저술 위에서 이루어졌다. 타키투스(Tacitus)의『로마 제국사(The Annals of Imperial Rome)』의 시대 배경은 서기 14년부터 96년까지 저자가 직접 보고 들은 시대로 그 참고 문헌과 구두 전설 2종의 자료는 이해된다. 타키투스는 지난 일을 자세히 알고 있는 친구 플리니우스(Pliny the Younger)에게 간곡히 질의했는데,[16] 그리스 역사가의 풍모가 여실히 드러난다. 상당히 후세의 아미아누스 마르켈리누스(Ammianus Marcellinus, A.D.330-?)는 직접경험을 세세히 기술하기를 즐겨,[17] 사람들에게 그리스 사학의 전통을 느끼게 해주었으며 수백 년이 지나도 끊이지 않았다.

서양의 고대 사학 저술의 자료는 이와 같은데, 중국의 고대 사학 저술은 또 어떤 자료에 근거했을까?

중국 고대에는 사관을 설치하여 제때에 천하의 일을 기록했다. 몸이 요직에 있는 천자와 제후는 주변에 시중드는 사관이 있어 그 언행을 기록했는데, 이른바 '행동은 좌사(左史)가 기록하고, 언어는 우사(右史)가 기록한다[動則左史書之, 言則右史書之].'[18] '임금의 거동은 반드시 기록해야 하며[君擧必書],'[19] '천자는 실없는 말이 없으니, 말을 하면 사관이 바로 그것을 기록한다[天子無戲言, 言則史書

---

16 Arnaldo Momigliano, *Essays in Ancient & Modern Historiography*, p. 162.

17 Ibid.

18 『예기』「옥조(玉藻)」편.

19 『좌전』장공(莊公) 23년.

之]'[20]는 말은 모두 영향력이 지대한 권력자의 언행 하나하나가 수시로 기록됨을 설명한다. 또한 천자와 제후, 제후와 제후 사이의 맹회(盟會)는 모두 사관을 파견하여 즉시 기록했다. 마치 『사기』에서 전국시대 진(秦)나라와 조(趙)나라가 민지(澠池)에서 맹회를 가질 때를 기록한 것과 같다. "진나라 왕은 술자리가 흥겨워지자 이렇게 말했다. '과인은 조나라 왕께서 음악에 뛰어나다는 말을 들었습니다. 거문고 연주를 부탁드리겠습니다.' 조나라 왕이 거문고를 뜯었다. 진나라 어사가 나와서 다음과 같이 기록했다. '어느 해 어느 달 어느 날에 진나라 왕이 조나라 왕을 만나 술을 마시고 조나라 왕에게 거문고를 연주하도록 했다.' 그러자 인상여가 앞으로 나와서 말했다. '조나라 왕께서는 진나라 왕께서 진나라 음악을 잘하신다고 들었습니다. 분부(盆缻)[옹기로 만든 악기]를 진나라 왕께 올려 서로 즐길 수 있도록 해 주십시오.' 진나라 왕이 화를 내며 받아들이지 않자, 상여는 앞으로 나아가 분부를 바치며 무릎을 꿇고 진나라 왕에게 청했다. 진나라 왕이 여전히 분부를 치려고 하지 않으므로 상여는 이렇게 말했다. '신 상여와 왕 사이는 신이 목의 피를 뿌려서라도 요청할 것입니다.' 이 말을 듣고 진나라 왕 주위에 있던 신하들이 상여를 칼로 찌르려 했으나 상여가 눈을 부릅뜨고 꾸짖자 모두 뒤로 물러섰다. 진나라 왕은 하는 수 없이 조나라 왕을 위해 분부를 한 번 두드렸다. 상여는 뒤를 돌아다보고 조나라 어사를 불러 다음과 같이 적게 했다. '어느 해 어느 달 어느 날에 진

---

20 『사기』 「진세가(晉世家)」.

나라 왕이 조나라 왕을 위하여 분부를 두드렸다.'[秦王飮酒酣, 曰: '寡人竊聞趙王好音, 請奏瑟.' 趙王鼓瑟. 秦御史前書曰: '某年月日, 秦王與趙王會飮, 令趙王鼓瑟.' 藺相如前曰: '趙王竊聞秦王善爲秦聲, 請奏盆缻秦王, 以相娛樂.' 秦王怒, 不許. 於是相如前進缻, 因跪請秦王. 秦王不肯擊缻. 相如曰: '五步之內, 相如請得以頸血濺大王矣.' 左右欲刃相如, 相如張目叱之, 左右皆靡. 於是秦王不懌, 爲一擊缻. 相如顧召趙御史書曰: '某年月日, 秦王爲趙王擊缻']."[21] 이것은 한 편의 생동감 있는 이야기인데, 이로 인해 오히려 중국의 뛰어난 기사(記事) 제도를 보존할 수 있었다. "무릇 제후가 회합하는 경우에는 그 덕의(德義)나 형벌, 예의는 어느 나라이든 기록하는 법이다[夫諸侯之會, 其德刑禮義, 無國不記]."[22] 맹회 때 각 나라의 사관은 덕행과 예의 등 각 방면에 걸쳐 앞 다투어 기록했는데, 기사 제도가 중국 고대에 이미 아주 보편적으로 발전했음을 설명한다. 사관의 이러한 기록들은 모두 소중히 보관되었다. 『사기』「봉선서(封禪書)」는 이러하다. "진(秦)나라 무공(繆公)이 제위에 올랐는데 병이 들어 5일 동안 혼미하다가 깨어나서 말하기를, 꿈속에서 상제를 보았는데 무공에게 진(晉)나라의 난리를 평정하라고 명했다고 했다. 사관이 이 말을 기록해 내부에 보관했다[秦繆公立, 病臥五日不寤, 寤, 乃言夢見上帝, 上帝命繆公平晉亂. 史書而記藏之

---

21 『사기』, 권81 「염과인상여전(廉頗藺相如傳)」.
22 『좌전』, 희공 7년, 관중(管仲)의 말.

府]." 제후가 세자를 낳으면, "어느 해 어느 달 어느 날이라고 쓰고 그 것을 보관한다. 재(宰)가 려사(閭史)에게 고하면, 려사는 문서를 둘로 써서 그 하나는 려부(閭府)에 보관하고, 나머지 하나는 주사(州史)에 게 바친다[書曰某年某月某日某生, 而藏之, 宰告閭史, 閭史書爲 二, 其一藏諸閭府, 其一獻諸州史, 州史獻諸州伯, 州伯命藏諸 州府]."[23] 여기에서 사관의 기록이 보관되는 상황을 알 수 있다. 사관 의 기록 이외의 문헌 또한 수장되는데, 예를 들면 『사기』「몽염전(蒙 恬傳)」에서 몽염의 말을 서술한 것과 같다. "옛날 주나라 성왕이 처음 즉위했을 때는 어려서 포대기를 벗어나지 못했지만, 숙부인 주공 단 이 왕을 업고 조정에 나아가 정사를 처리하여 마침내 천하를 안정시켰 다. 성왕이 병에 걸려 위독해지자 주공 단은 스스로 손톱을 잘라 황하 에 던지면서 이렇게 말했다. '왕께서 아직 어려 아는 것이 없기에 제가 왕 대신 정사를 돌보았습니다. 만약 허물이 있다면 제가 그 벌을 받겠 습니다.' 그리고 그것을 적어 기부(記府)에 보관했다[昔周成王初立, 未離襁褓, 周公旦負王以朝, 卒定天下. 及成王有病甚殆, 公旦 自揃其爪以沈於河, 曰: '王未有識, 是旦執事, 有罪殃, 旦受其不 祥.' 乃書而藏之記府]." 때로는 오랫동안 후세에 전하기 위해 한걸 음 더 나아가 금석(金石)이나 큰 그릇에 새겼다. "옛날의 성왕들은 그 도를 후세에 전하고자 했으며, 그런 고로 대나무와 비단에 그것을 적 거나 금석에 새겨서 후세의 자손들에게 전했다[古之聖王, 欲傳其道

---

23 『예기』「내칙(內則)」편.

於後世, 是故書之竹帛, 鏤之金石, 傳遺後世子孫]."[24] "선왕들의
부(賦)와 송(頌)은 종과 솥에 새겼는데, 이는 모두 자신의 자취를 퍼뜨
리기 위함이다[先王之賦頌, 鐘鼎之銘, 皆播吾之迹]."[25] 금석 명문
과 대나무와 비단에 적은 기록들이 나라 안에 가득했다. 묵자가 남쪽
위(衛)나라로 사신으로 갈 때 수레에 실은 서책들이 아주 많았는데,[26]
장자는 "옛날의 법을 후세에 전하는 역사서들은 여전히 많이 있다[舊
法世傳之史, 尙多有之]"고 언급했다.[27] 묵자는 일찍이 여러 제후국
의 『춘추』를 본 적이 있으며, 주(周)나라『춘추』·연(燕)나라『춘추』·
송(宋)나라『춘추』·제(齊)나라『춘추』를 직접 인용하여 언급했다.[28]
맹자는 바로 진(晉)나라의 『승(乘)』·초(楚)나라의 『도올(檮杌)』·노(魯)
나라의『춘추』를 이야기했다.[29] 이러한 말들은 전국시대와 춘추시대
에 역사서들이 아주 많이 남아 있었음을 증명하기에 충분하다. 위로
거슬러 하상주(夏商周) 3대의 서책 또한 많이 유전되었는데, 이른바
『하서(夏書)』·『상서(商書)』·『은서(殷書)』·『주서(周書)』·『주지(周志)』
모두 춘추전국시대의 저술에서 언급되었다.[30] "상주우하(商周虞夏)

---

24 『묵자』권12「귀의(貴義)」. 또『묵자』「천지(天志)」 중편에는 이러하다: "대나무와 비단
　에 적고, 금석에 새기고 기물에 조각하여 후세 자손에게 전했다[書於竹帛, 鏤之金石,
　琢之槃盂, 傳遺後世孫]."

25 『한비자』「외저설(外儲說)」.

26 『묵자』「귀의(貴義)」.

27 『장자』「천하(天下)」.

28 『묵자』「명귀(明鬼)」하.

29 『맹자』「이루(離婁)」편.

30 『좌전』을 예로 들면,『하서』·『상서』·『주서』·『주지』를 언급했는데 아래와 같다:
　장공(莊公) 14년,『상서』에 말하기를 나쁜 일이 쉬운 것은 마치 불이 벌판을 태우는

의 기록들을 살펴본다[尚考之乎商周虞夏之記]"[31]는 것은 바로 우순(虞舜)시대의 서책 또한 존재했다는 뜻이다. 그래서 중국의 고대에 서책이 아주 많았으며, 게다가 금석명문까지 더하여 다채롭고 풍성한 문헌으로 장관을 이루었다. 현재까지 전해지는 몇 권의 사학명저는 모두 풍부한 문헌적인 근거를 지니고 있다.

것과 같은 것으로 그 불길에 가까이갈 수가 없으니 어찌 불을 끌 수 있겠는가[『商書』所謂惡之易也, 如火之燎于原, 不可鄉邇, 其猶可撲滅]?

희공(僖公) 24년, 『하서』에 땅이 잘 다스려짐에 하늘의 일이 이루어진다고 했다[『夏書』曰: 地平天成].

희공(僖公) 27년, 『하서』에 의견을 개진시켜 보고 훌륭한 의견을 말하는 자에게 일을 시켜 보아, 공적이 있으면 차나 옷을 상으로 준다고 했다[『夏書』曰: 賦納以言, 明試以功, 車服以庸].

문공(文公) 2년, 『주지』에 용기를 내어 윗사람을 죽이는 자는 명당에 오르지 못한다는 말이 있다[周志]有之, 勇則害上, 不登於明堂].

문공(文公) 5년, 『상서』에 침울한 성격은 강건함으로 극복하고, 활달한 성격은 부드러움으로 극복해야 한다고 했다[『商書』曰: 沈漸剛克, 高明柔克].

문공(文公) 7년, 『하서』에 선행을 행한 자에게는 상을 주어 격려하고, 죄를 지은 자는 형벌로써 그 죄를 바로잡고, 구가(九歌)를 노래하게 하여 격려하고, 공적이 훼손되지 않게 하라고 했다[『夏書』曰: 戒之用休, 董之用威, 勤之以九歌, 勿使壞].

선공(宣公) 15년, 『주서』에 쓸 만한 인물은 쓰고, 삼갈 일은 삼간다고 했다[『周書』所謂庸庸祇祇者].

성공(成公) 6년, 『상서』에 세 사람이 점을 쳐서 같은 의견을 가진 두 사람에 따른다고 했다[『商書』曰: 三人占, 從二人].

소공(昭公) 17년, 『하서』에 해와 달이 그 거처에 안주하지 못하고, 樂工은 북을 치며, 벼슬아치들은 수레를 타고 돌아다니며 시종들은 뛰어다닌다고 했다[『夏書』曰: 辰不集于房, 瞽奏鼓, 嗇夫馳, 庶人馳].

『묵자』를 예로 들면, 「칠환(七患)」은 이러하다:

『하서』에 우왕 때는 7년의 홍수가 있었다고 했다[『夏書』曰: 禹七年水].

『은서』에 탕왕 때는 5년의 가뭄이 있었다고 했다[『殷書』曰: 湯五年旱].

『주서』에 나라에서 3년 동안 먹을 양식이 없다면 그것은 나라가 아니며, 집안에 3년 동안 먹을 양식이 없다면 자식을 자식이라 할 수 없다고 했다[『周書』曰: 國無三年之食者, 國非其國也. 家無三年之食者, 子非其子也].

다른 전적들이 인용한 것은 더 이상 언급하지 않겠다.

31 『묵자』「비명(非命)」편.

『상서』는 이름을 보면 그 뜻을 짐작할 수 있으니, 바로 중국 고대의 공문이나 서류인데,[32] 예를 들면「감서(甘誓)」·「탕서(湯誓)」·「비서(費誓)」·「목서(牧誓)」·「진서(秦誓)」등의 편들은 군대의 출정(出征) 결의문이며,「탕고(湯誥)」·「반경(盤庚)」·「대고(大誥)」·「다사(多士)」·「다방(多方)」등은 천하에 알리는 공고문이고,「강고(康誥)」·「주고(酒誥)」·「재재(梓材)」·「문후지명(文侯之命)」등은 제후가 하달하는 명령문으로 모두가 정부의 공문이다.『사기』「공자세가」는 이러하다. "공자의 시대에는 주 왕실이 쇠퇴해져 예악은 폐지되었고,『시』와『서』가 흩어졌다. 이에 공자는 3대의 예를 추적해『서전(書傳)』의 편차를 정하되, 위로는 요와 순 임금의 시대부터, 아래로는 진(秦) 무공(繆公)에 이르기까지 그 사적을 순서에 따라 정리하고 말했다. '하나라의 예는 내가 능히 그것을 말할 수 있지만, 기나라에 대해서는 자료가 없어 증명하기에 부족하다. 은나라의 예는 내가 말할 수 있지만 송나라의 것에 대해서는 증명하기에 부족하다. 문헌이 충분했다면 나는 그것을 증명할 수 있었을 것이다.' 공자는 또 은과 하 이래 예가 훼손되고 신장되는 것을 보고는 말했다. '차후로는 비록 백세의 세월이 흐르더라도 예제의 변천을 알 수 있는데, 그것은 은나라는 질박함을 귀히 여겼고 주나라는 문화(文華)함을 귀히 여겼기 때문이다. 주나라는 하와 은 2대의 제도를 귀감으로 삼았기 때문에 그 문화는 참으로 풍성하고 화려하다! 나는 주나라를 따르겠다.' 그러므로『서전』과『예기』는 공

---

32 屈萬里著,『先秦文史資料考辨』제2장, 316쪽 참고.

자로부터 나왔다고 한다[孔子之時, 周室微而禮樂廢, 『詩』·『書』缺. 追迹三代之禮, 序『書傳』, 上紀唐虞之際, 下至秦繆, 編次其事. 曰: '夏禮吾能言之, 杞不足徵也. 殷禮吾能言之, 宋不足徵也. 足則吾能徵之矣.' 觀殷夏所損益, 曰: '後雖百世可知也, 以一文一質. 周監二代, 郁郁乎文哉. 吾從周.' 故『書傳』·『禮記』自孔氏]." 『상서』를 편찬한 공자는 문헌을 폭넓고도 세심하게 다루는 마음가짐으로 문헌이 충분치 않으면 언급하지 않았다. 【『논어』「팔일」편에서 공자는 이렇게 말했다. "하나라의 예는 내가 능히 그것을 말할 수 있지만, 기나라에 대해서는 자료가 없어 증명하기에 부족하다. 은나라의 예는 내가 말할 수 있지만 송나라의 것에 대해서는 증명하기에 부족하다. 문헌이 충분했다면 나는 그것을 증명할 수 있었을 것이다[夏禮吾能言之, 杞不足徵也. 殷禮吾能言之, 宋不足徵也, 文獻不足故也. 足則吾能徵之矣]."】 그리스 역사가들이 문헌적 근거도 없이 상상으로 연설한 상황과 서로 비교하면 실로 헤아릴 수 없을 정도로 차이가 난다. "공자는 주 왕실의 서책들을 보면서 우하상주(虞夏商周) 4대의 전적들을 얻어 그 중에서 훌륭한 것들을 골라 『상서』 100편을 선정했다[孔子觀書於周室, 得虞夏商周四代之典, 乃刪其重者, 定為尚書百篇]."[33] 천년이 지난 후에 유지기(劉知幾)가 말한 바에서도 여전히 그 진상을 엿볼 수 있다.

『춘추』라는 책은 242년 동안의 일을 기록한 것으로, 공자가 능히

---

33 『사통(史通)』「육가(六家)」편.

볼 수 있었던 것이 61년, 직접 들은 것이 85년, 전해지는 것을 얻어들은 것이 96년으로 그 중에 자연히 구전된 자료를 많이 참고했다.[34] 그러나 문헌은 여전히 『춘추』의 자료 창고이다. "서쪽으로 가서 주 왕실을 고찰하고 역사 기록과 옛 구전들을 집약하여 노나라에 돌아와 『춘추』를 편찬했는데, 위로 노나라 은공(隱公)에서부터 아래로 노나라 애공(哀公)이 기린을 포획한 데까지 기록했다. 문자가 간략하고 어귀가 정제되었으며 장황한 서술을 삭제하여 사서 편찬의 의의와 규범을 확정지었다[西觀周室, 論史記舊聞, 興於魯而次『春秋』, 上記隱, 下至哀之獲麟, 約其文辭, 去其煩重, 以制義法]."[35] "역사의 기록에 근거해서 『춘추』를 지었다. 위로는 은공에 이르고 아래로는 애공 14년에 이르기까지 열 두 임금의 역사이다. 노나라의 역사에 기반을 두고 주나라를 종주로 하고 은나라의 제도를 참작해 하은주 3대를 계승하고 있다. 그 문사(文辭)는 간략하지만 제시하고자 하는 뜻은 넓다[因史記作『春秋』, 上至隱, 下訖哀公十四年, 十二公. 據魯, 親

---

34 『春秋公羊傳』: "은공(隱公) 원년, 겨울, 12월, …… 공자 익(益)의 스승이 죽었는데, 어찌 날짜가 다른가? 멀기 때문이다. 본 것이 전해가 다르고, 들은 것이 전해가 다르며, 전해들은 것이 전해가 다르다[隱公元年, 冬, 十有二月, ……公子益師卒. 何以不日? 遠也. 所見異辭, 所聞異辭, 所傳聞異辭]." "직접 본 것은 소공·정공·애공 시대의 일이라 하며, 들은 것은 문공·선공·성공·양공 시대의 일이라 하고, 전해들은 것은 은공·환공·장공·민공·희공 때의 일이라 한다. 소공·정공·애공 3공의 시대는 모두 61년이고, 문공·선공·성공·양공 4공의 시대는 모두 85년이며, 은공·환공·장공·민공·희공 5공의 시대는 모두 96년이다[按所見者謂昭·定·哀時事, 所聞者謂文·宣·成·襄時事, 所傳聞者謂隱·桓·莊·閔·僖時事. 昭·定·哀三公共六十一年, 文·宣·成·襄四公共八十五年, 隱·桓·莊·閔·僖五公共九十六年]."

35 『사기』 「십이제후연표(十二諸侯年表)」 서(序).

周, 故殷, 運之三代, 約其文辭而指博]."[36] 이른바 '역사 기록과 옛 구전들을 집약하여[論史記舊聞],' '역사 기록에 근거해서『춘추』를 지었다[因史記作『春秋』]'라고 말한 것은,『춘추』가 기존의 문헌에 근거하여 쓰여졌음을 설명한다. '문자가 간략하고 어귀가 정제되었으며 장황한 서술을 삭제했다[約其文辭, 去其煩重]'는 말은『춘추』가 옛 문장의 흔적들을 삭제했음을 충분히 보여준다. 공자는 옛것을 그대로 기술하기만 할 뿐 창작하지는 않았으며, 사소한 글자 한 자도 반드시 근거가 있고, 의심이 나면 그대로 내버려두었다. '연(燕)'에 대해서 거듭해서 '북연(北燕)'이라고 쓴 것은 옛 문헌에 따른 것이며,[37] 한 사람의 죽음을 두 개의 날짜에 연결 지은 것은 '사실을 분명하게 기록함으로써 믿을 만한 것을 전하고, 의심스러운 것은 그대로 기록함으로써 의심스러운 것을 전한다[信以傳信, 疑以傳疑]'는 원칙을 준수한 것이었다.[38] 문헌을 존중한 공자의 정신은 천고에 확연히 드러나 모두가 아는 바이다.『춘추』에서부터『좌전』에 이르기까지, 서사의 상세하고 정확한 부분에 있어서 절대적인 발전이 있었다.『한서』「예문지」는 일찍이 그것을 다음과 같이 서술했다. "주나라가 이미 쇠퇴하여 서적들이 온전하지 못하자 공자는 옛 성인들의 업적을 보존하기로 하고 이에 일러 말했다. '하나라의 예는 내가 능히 그

---

36 『사기』「공자세가」.

37 『곡량전』 양공(襄公) 29년과 소공(昭公) 3년에 보인다.

38 『곡량전』: "환공(桓公) 5년 봄 정월, 전년 12월 21일 갑술일과 정월 6일 기축일에 진(陳) 환공 포(鮑)가 타계했다[桓公五年, 春正月, 甲戌己丑, 陳侯鮑卒]."

것을 말할 수 있지만, 기나라에 대해서는 자료가 없어 증명하기에 부족하다. 은나라의 예는 내가 말할 수 있지만 송나라의 것에 대해서는 증명하기에 부족하다. 문헌이 충분했다면 나는 그것을 증명할 수 있었을 것이다.' 노나라는 주공의 나라로서 문물이 예가 갖추어졌고 사관에게는 법도가 있었다. 때문에 좌구명에게 그 역사의 기록을 맡아 보게 하여 행한 일에 의거하고 사람의 도리를 따르게 했다. 흥하게 함으로써 공적을 세우고 실패를 하면 벌을 받게 했다. 일월을 빌어서 달력을 정하고 조빙(朝聘)에 의거하여 예악을 바르게 한다. 칭송과 기휘(忌諱)와 폄훼하는 바가 있어 글을 써서 보일 수가 없어서 구술로써 제자들에게 전했는데 제자들이 물러나서 사실과 다른 말을 했다. 좌구명은 제자들이 각자 다른 의도로 그 진실을 훼손할까 염려하여 근본적인 일을 논하고서 전(傳)을 지어 공자가 헛된 말로 경을 설하지 않았음을 밝혔다.『춘추』에서 폄훼한 대인들은 당시의 군신(君臣)으로 권위와 세력을 가졌으며, 그러한 사실들은 모두 전(傳)에 드러나 있다[周室既微, 載籍殘缺, 仲尼思存前聖之業, 乃稱曰: '夏禮吾能言之, 杞不足徵也. 殷禮吾能言之, 宋不足徵也, 文獻不足故也. 足則吾能徵之矣.' 以魯周公之國, 禮文備物, 史官有法, 故與左丘明觀其史記, 據行事, 仍人道, 因興以立功, 就敗以成罰, 假日月以定曆數, 藉朝聘以正禮樂. 有所褒諱貶損, 不可書見, 口授弟子, 弟子退而異言. 丘明恐弟子各安其意, 以失其真, 故論本事而作傳, 明夫子不以空言說經也. 春秋所貶損大人當世君臣, 有威權勢力, 其事實皆形於傳]." 이로 미루어 보아『좌전』은 좌구명이 노나라의 풍부한 문헌에 근거하여 썼음을 알 수 있다. 좌구명이『좌전』의 저자인지 아닌지는 큰 문제이긴 하나,『좌전』이 대량의 춘추시대 문헌을 수용했다는 것에는 의심할 나위가 없다.『좌전』의 자매작인『국어』또한 춘추시대 문헌을 상당히 포함하고 있다. 소위 '백국보서(百國寶書)'는 실로 이 두 저술의 자료의 보고이다.[39] 이 두 저술의 저자가 누군지는 그 다음 문제이다.

『사기』의 문헌적 근거는 사람들의 이목에 뚜렷이 드러난다. 대대로 사관을 지낸 사마(司馬)씨는 사마담(司馬談)과 사마천(司馬遷)의 시대에 이르러 천하의 모든 역사 문헌에 정통했다. 사마천은『사기』의 서문에서 말했다. "주 왕조의 도가 폐퇴하자, 진(秦)은 옛 문자들을 폐지하고『시(詩)』·『서(書)』를 불태웠다. 이 때문에 명당과 왕실 도서관인 석실과 금궤의 귀중한 도판과 전적들이 어지럽게 흩어지고 말았다. 이에 한나라가 일어나 소하(蕭何)는 법령을 정비하고, 한신(韓信)은 군법을 밝히고, 장창(張蒼)은 문물제도를 만들고, 숙손통(叔孫通)은 의례를 정하니 학문의 기풍이 점점 발전하고,『시』·『서』도 다시 나타나기에 이르렀다. 조참(曹參)이 개공(蓋公)을 천거하여 황제(黃帝)와 노자(老子)를 말하게 하고, 가생(賈生)과 조착(晁錯)이 신불해(申不害)와 상앙(商鞅)의 법가 학문을 알리고, 공손홍(公孫弘)은 유학으로 이름을 떨쳤다. 이렇게 하여 지난 100년 동안 천하에 남아있던 서적이나 고문서가 모두 태사공에게로 수집되었다. 태사공은 부자가 대

---

39 章學誠,『문사통의(文史通義)』「힐루(黜陋)」는 이러하다. "『춘추좌전』은 춘추시대 모든 나라에서 보배롭게 여긴 역사서에 근거했다[左因百國寶書]."

를 이어 그 자리를 맡게 되었는데 일찍이 아버지께서는 '오호라! 내 선조께서 일찍부터 이 일을 맡아 당우(唐虞) 때부터 이름이 났고, 주 왕조에서도 다시 그 일을 맡았으니 사마씨는 대대로 천문을 주관하게 되었다. 이제 그 일이 우리에게까지 왔으니 너는 단단히 명심해야 할 것이다! 단단히 명심해야 할 것이다!' 라고 했다. 이에 천하에 흩어진 오랜 이야기들을 두루 모아 제왕들이 흥기한 자취를 살폈는데, 그 처음과 끝을 탐구하고 그 흥망성쇠를 보되 사실에 근거하여 결론을 지었다. 삼대 이상은 간략하게 추정하고, 진한(秦漢)은 상세하게 기록하되, 위로는 황제 헌원(軒轅)으로부터 아래로는 지금에 이르기까지 12편의 본기를 저술했는데 모두 나름대로의 뼈대를 갖추고 있다. 사건은 많은데 발생한 시간이 달라 연대의 차이가 분명치 않은 사건들이 있다. 그래서 10편의 표를 지었다. 예악의 증감, 율력의 개역, 병가의 지혜와 모략, 산천지리의 형세, 귀신에 대한 제사, 하늘과 인간의 관계, 각종 사물의 발전과 변화를 살피기 위하여 8편의 서를 지었다. 28수의 별자리가 북극성을 중심으로 돌고, 수레 바퀴살 30개가 바퀴 안에 모여 끊임없이 돌고 도는 것처럼 제왕의 팔다리 같은 신하들의 충성스러운 행동과 주상을 받드는 모습을 30편의 세가에 담았다. 정의롭게 행동하고 자잘한 일에 매이지 않으면서 시기를 놓치지 않고 세상에 공명을 세운 사람들을 위하여 70편의 열전을 남긴다. 이렇게 하여 총 130편, 52만 6,500자이다[周道廢, 秦撥去古文, 焚滅詩書, 故明堂石室金匱玉版圖籍散亂. 於是漢興, 蕭何次律令, 韓信申軍法, 張蒼爲章程, 叔孫通定禮儀, 則文學彬彬稍進, 詩書往往間出矣. 自曹

參薦蓋公言黃老, 而賈生晁錯明申商, 公孫弘以儒顯, 百年之間, 天下遺文古事靡不畢集太史公. 太史公仍父子相續纂其職. 曰: '於戲! 余維先人嘗掌斯事, 顯於唐虞, 至于周, 復典之, 故司馬氏世主天官. 至於余乎, 欽念哉! 欽念哉!' 罔羅天下放失舊聞, 王迹所興, 原始察終, 見盛觀衰, 論考之行事, 略推三代, 錄秦漢, 上記軒轅, 下至于茲, 著十二本紀, 既科條之矣. 並時異世, 年差不明, 作十表禮樂損益, 律曆改易, 兵權山川鬼神, 天人之際, 承敝通變, 作八書. 二十八宿環北辰, 三十輻共一轂, 運行無窮, 輔拂股肱之臣配焉, 忠信行道, 以奉主上, 作三十世家. 扶義俶儻, 不令己失時, 立功名於天下, 作七十列傳. 凡百三十篇, 五十二萬六千五百字]."[40] 지난 100년 동안 천하에 남아 있던 서적이나 고문서가 모두 태사공에게로 수집되었으며, 다시 한 걸음 더 나아가 천하에 흩어진 옛 이야기들을 망라했으니, 『사기』의 문헌적 근거의 풍부함은 그리스 로마 역사가들로서는 절대로 상상할 수가 없는 것이다. 반고는 일찍이 이렇게 평했다. "사마천은 『좌씨춘추』와 『국어』에 근거하고, 『세본』과 『전국책』의 사료들을 채용하여 『초한춘추』를 저술했으며, 이어서 그 후의 역사적 사실을 천한(天漢) 연간까지 기술했다. 진한 시기의 역사는 아주 상세하게 기술했다. 경(經)과 전(傳)을 채집하는 데 있어서 여러 가(家)의 역사적 사실을 나누어 기술했는데 많은 곳이 상세하지 않고 간략하며 서로 모순되는 부분도 있다. 또한 그가

---

40 『사기』「태사공자서」.

섭렵한 범위가 광범하고 경과 전을 두루 통달하여 고금을 통틀어 수천 년을 힘차게 종횡했으니 이는 그가 열심히 노력한 결과이다[司馬遷據『左氏』·『國語』, 采『世本』·『戰國策』, 述『楚漢春秋』, 接其後事, 訖于大漢. 其言秦漢詳矣. 至於采經摭傳, 分散數家之事, 甚多疏略, 或有抵梧.亦其涉獵者廣博, 貫穿經傳, 馳騁古今上下數千載間, 斯以勤矣]."[41] 이처럼 사마천은 광범위하게 섭렵하면서 고금을 통틀어 수 천 년을 힘차게 종횡했다니, 그 노력은 가히 짐작할 만하다. 게다가 실제로『좌씨춘추』·『국어』·『세본』·『전국책』·『초한춘추』외에도 사마천이 인용한 문헌은 무궁무진하다. 무릇 후세에 분류한 경사자집(經史子集)을 열거해 보면 모두 대량으로 인용되었다.[42] 예를 들면「오제본기」·「하본기」·「은본기」·「주본기」·「공자세가」와 열국세가는 바로 몇 부의 중요한 경서를 대부분 채집하여 넣었으며,[43]「관안열전(管晏列傳)」·「노자한비열전(老子韓非列傳)」·「손

---

41 『한서』「사마천전」찬(贊).

42 일본인 瀧川龜太郎의『史記會注考證』중에서『사기』가 취한 자료에 대해서 통계를 내본 바 70여 종에 이르렀다. 이는 단지 사마천이 책 속에서 언급하여 고증해 보면 알 수 있는 것들이다. 그래서『한서』「사마천전」찬(贊)에서 단지 그 저자를 열거했을 뿐이라고 말한다. 鄭樵는 "3천 년에 걸친 역사 전적들이 7~8종의 서책에 한정되었는데, 사마천이 유감스러워 한 것은 학식의 부족이다[亘三千年之史籍, 而蹦蹭於七八種書, 所可爲遺恨者, 博不足也]." 라고 말했는데(『통지(通志)』「총서(總序)」), 이는 망언이다.

43 예컨대 사마천이 인용한『상서』의 여러 편은 아래와 같다:
「오제본기」는「요전(堯典)」을 전재(全載)했다(현재본「순전(舜典)」을 포함);
「하본기」는「우공(禹貢)」·「고도모(皐陶謨)」·「감서(甘誓)」편 등 전재했다;
「은본기」와「송세가(宋世家)」는「탕서(湯誓)」·「홍범(洪範)」·「고수융일(高宗肜日)」·「서백감려(西伯戡黎)」편 등을 전재했고,「미자(微子)」편의 절반을 기재했으며,「반경(盤庚)」편의 대의를 대략 기재했다.
「주본기」와「노세가(魯世家)」는「목서(牧誓)」·「금등(金縢)」2편을 전재했고,「무일(無逸)」·「여형(呂刑)」·「비서(費誓)」편의 절반을 기재했으며,「다사(多士)」·「고

자오기열전(孫子吳起列傳)」·「맹자순경열전(孟子荀卿列傳)」 등은 선진 제자 학설의 정화를 널리 채집했고, 「굴원가생열전(屈原賈生列傳)」·「사마상여열전(司馬相如列傳)」 등은 그들의 중요한 문장을 등재했으며, 『오제계첩(五帝繫牒)』[44]·『춘추역보첩(春秋歷譜牒)』[45]·『우본기(禹本紀)』[46]·『진기(秦記)』[47]·『공령(功令)』[48] 등은 상당히 원시적인 문헌으로 사방에 분산되어 있었다. 그래서 사마천의 우마차는 천하를 주유했는데, "서쪽으로는 공동에 이르렀고 북쪽으로는 탁록을 지나왔으며, 동쪽으로는 바닷가까지 이르렀고 남쪽으로는 장강과 회수를 건넜으며[西至空峒, 北過涿鹿, 東漸於海, 南浮江淮]," [49] "여산에 올라 우소 구강을 바라보고[登廬山, 觀禹疏九江]," [50] "노나라에 가서 공자의 사당을 방문하여 그가 탔던 수레와 옷과 제례에 사용하던 제기를 보았으며[適魯, 觀仲尼廟堂車服禮器]," [51] "대량의 옛 터를 지나다가 이문이라는 곳을 물어서 찾아 보고[過大梁之墟, 求問其所謂夷

명(顧命) 편의 대의를 대략 기재했다.
그 외에 「연세가(燕世家)」는 「군석(君奭)」를 채용했고, 「위세가(衛世家)」는 「강고(康誥)」·「주고(酒誥)」·「재재(梓材)」를 채용했고, 「진본기(秦本紀)」는 「진서(秦誓)」를 채용했다. (자세한 내용은 張舜徽, 『中國歷史要籍介紹』(湖北人民出版社, 1955. 11), 302 – 331쪽 참조.)

44 『사기』 「삼대세표(三代世表)」 서(序).
45 『사기』 「십이제후연표(十二諸侯年表)」 서(序).
46 『사기』 「대완열전(大宛列傳)」.
47 『사기』 「육국연표(六國年表)」 서(序).
48 『사기』 「유림열전(儒林列傳)」.
49 『사기』 「오제본기(五帝本紀)」.
50 『사기』 「하거서(河渠書)」.
51 『사기』 「공자세가(孔子世家)」.

門]," [52] "초나라에 가서 춘신군의 옛 성과 궁실을 보고[適楚, 觀春申君故城宮室]," [53] "장사에 가서 굴원이 스스로 빠져 죽은 연못을 바라보았으니[適長沙, 觀屈原所自沉淵]," [54] 그 성격은 그리스 역사가 헤로도토스가 사방으로 두루 돌아다닌 것과는 아주 다른 것이다. 헤로도토스는 주로 유람하면서 취득한 견문에 근거해서 명저를 저술했다. 사마천은 유람하면서 취득한 견문으로 문헌의 부족한 부분을 보충했으며, 아울러 직접 현장 체험을 했다. 둘을 비교하면 어느 것이 더 뛰어난지는 깊이 생각할 필요가 없다.

세밀하게 살피는 것으로 유명한 『한서』의 문헌적 근거는 아주 분명하여 실증할 수 있다. 창시자인 반표(班彪)는 "무제 때 사마천이 『사기』를 편찬하면서 태초 연간 이후는 그대로 두고 기록하지 않았는데, 이후에 호사가들이 당시의 일들을 엮었으나 아주 저속하여 『사기』를 계승하기에 부족하다[武帝時司馬遷著『史記』, 自太初以後, 闕而不錄, 後好事者頗或綴集時事, 然多鄙俗, 不足以踵繼其書]" [55] 고 생각되어 바로 "이어받아 이전의 역사 사적들을 채집하고, 또한 기이한 견문들을 엮어서 후전 수십 편을 썼다[繼採前史遺事, 傍貫異聞, 作後傳數十篇]." [56] 그의 아들 반고(班固)가 그를 계승했다. 반고

---

52 『사기』 「위공자열전(魏公子列傳)」.
53 『사기』 「춘신군열전(春申君列傳)」.
54 『사기』 「굴원가생열전(屈原賈生列傳)」.
55 『후한서』 「반표전(班彪傳)」.
56 Ibid.

는 "제자백가의 서적에 두루 통달하고 각종 유파의 설을 깊이 연구하지 않은 것이 없었고[博貫載籍, 九流百家之言, 無不窮究],"[57] 부친이 이어받아 편찬한 이전 역사의 상세하지 않은 부분을 깊이 연구하여 그 업을 계승하여 20여 년에 걸쳐서 책을 완성했다.[58] 「서전(敍傳)」을 살펴보면 이러하다. "반고가 당요(唐堯), 우순(虞舜), 하은주(夏殷周) 삼대와 시경과 상서에서 언급한 것은 세간에 전적들이 있어서 후세에 전하며, 그러므로 설령 아주 먼 요순시대의 상황이라 할지라도 또한 반드시 『요전(堯典)』 「고도모(皐陶謨)」와 같은 문장이 있어서 명성이 능히 후세에까지 유전되었으니 성덕이 백왕 위에 우뚝 섰다. 그래서 '위대하도다! 그들이 커다란 성취를 이루었나니! 그들이 제정한 법령과 제도가 이처럼 찬란하도다!' 라고 칭송했다. 한나라가 당요(唐堯)의 국운을 이어받아 황제의 위업을 이루어 육세 무제에까지 이르렀으니, 사관 사마천은 이전 세대의 공덕을 회상하며 기록하여 암암리에 제왕본기를 편찬하여 한나라를 뭇 왕들의 말석에 진나라 및 항우와 동일한 위치에 배열했다. 한 무제 태초 연간 이후의 일에 대해서는 기록하지 않았다. 그리하여 내가 이전의 기록을 탐구하고 들은 바의 견문을 편집하여 『한서』를 저술했는데, 한 고조 때부터 시작하여 효평(孝平)·왕망(王莽)의 피살로 마무리했는 바 모두 12대 230년의 역사적 사실을 종합하고, 『오경』을 꿰뚫어 전후가 원활하게 연결하고 『춘

---

57 『후한서』 「반고전(班固傳)」.
58 『후한서』 「반고전(班固傳)」.

추』를 참고하여 본기(本紀)·표(表)·지(志)·전(傳)의 네 가지 체제로
나누어 모두100편이다[固以爲唐虞三代, 詩書所及, 世有典籍, 故
雖堯舜之盛, 必有典謨之篇, 然後揚名於後世, 冠德於百王. 故曰
'巍巍乎其有成功, 煥乎其有文章也!' 漢紹堯運, 以建帝業, 至於
六世, 史臣乃追述功德, 私作本紀, 編於百王之末, 廁於秦·項之
列. 太初以後, 闕而不錄, 故探纂前記, 綴輯所聞, 以述『漢書』, 起
元高祖, 終于孝平王莽之誅, 十有二世, 二百三十年, 綜其行事,
旁貫五經, 上下洽通, 爲『春秋』考紀·表·志·傳, 凡百篇]."[59] '이
전의 기록을 탐구하고 들은 바의 견문을 편집하여 『한서』를 저술했다
[探纂前記, 綴輯所聞, 以述『漢書』]'라고 한 말은, 그 부친이 '이전
의 역사 사적들을 탐사하고, 또한 기이한 견문들을 엮어서 후전 수십
편을 썼다[探前史遺事, 傍貫異聞, 作後傳數十篇]'는 것과 마찬가
지로 역사 문헌에 근거하여 썼다는 것이다. 반고는 낭관(郎官)·영사
(令史)·전교비서(典校秘書) 등의 신분으로 난대(蘭臺)에서 유유자적하
면서 한나라 황궁 서고인 석거각(石渠閣)과 천록각(天祿閣)의 장서를
살펴봄으로써 『한서』의 내용을 대단히 풍부하게 했다. 일반적으로
『한서』를 험담하는 사람은 『한서』가 한나라 초기에서 무제 태초 연
간까지의 일을 기술하고 있으며, 대부분 『사기』 원문을 인용하면서
자기가 기술한 것처럼 여기는데 이는 표절에 다름없다고 생각한다.[60]

---

59 『한서』「서전(敍傳)」.

60 유지기가 『사통』「잡설(雜說)」상편에서 언급한 것과 같다. "반고는 『사기』의 내용을 그
대로 계승하여 조금도 고친 것이 없다. 가만히 생각해보면 정말 이해가 되지 않는

사실 이것은 역사가가 문헌을 신중히 운용한다는 표현이다.[61] 하물며 반고 역시 첨삭(添削)과 증감(增減)의 공이 완전히 없는 것은 아니며, 『사기』와 『한서』를 자세히 비교해 보면, 『한서』에 주해를 첨가한 곳, 사적(事蹟)을 첨가한 곳, 사실을 정정한 곳이 있으며, 문자 상으로 약간 윤색한 것도 있다.[62] 게다가 유용한 글을 많이 기재했는데, 문자가 학문에 연관되고 정무에 연계된 것은 반드시 일일이 기재했다. 예를 들면, 「가의전(賈誼傳)」에는 그 「치안책(治安策)」을, 「조착전(晁錯傳)」

다.[班氏一準太史, 曾無弛張, 靜言思之, 深所未了.]" 정초(鄭樵)는 『통지(通志)』「총서(總序)」에서 말했다. "한나라 고조부터 무제까지 앞의 여섯 황제는 모두 사마천의 『사기』를 몽땅 훔쳐놓고도 부끄러운 줄 모른다.[自高祖至武帝, 凡六世之前, 盡竊遷書, 不以爲慚.]"

61 장학성은 『문사통의』「언공(言公)」 편에서 말한다. "반고를 비난하는 사람들은 한나라 무제 이전의 사실은 사마천의 『사기』를 그대로 답습했다고 그를 꾸짖는다. 그들은 반고가 훔쳐서 그대로 답습한 것이 부끄러움을 모르는 짓이라고 생각한다. 그렇다면 문리의 이론에 전혀 통하지 않게 된다[世之譏班固者, 責其孝武以前之襲遷書, 以謂盜襲而無恥, 此則全不通乎文理之論也]." 다시 말한다. "반고의 『한서』는 서한 때까지만 끊은 단대사이다. 『한서』가 한나라 이전의 사실에 대해 사마천의 『사기』를 쓰지 않는다면 어찌 경학을 공부하는 학생이 과거 시험 보는 것 마냥 똑같은 문제에 대해 다른 글을 쓰겠는가? 반고의 『한서』도 풍상과 양웅의 기록이나 유흠과 가호의 책을 근거로 지은 것이다. 이런 책들은 후세 사람이 보지 못했는데 반고가 보았던 사마천의 『사기』만을 근거로 반고가 훔쳐서 그대로 답습했다고 의심할 뿐이다. 이것은 어떤 사람이 흰 옷을 입고 나간 줄 알면서도 검은 옷을 입고 돌아온 줄은 모르는 것이라고 말할 수 있다[固書斷自西京一代, 使孝武以前, 不用遷書, 豈將爲經生決科之同題而異之乎? 必謂孝武以後, 爲固之自撰, 則馮商·揚雄之紀, 劉歆·賈護之書, 皆固之所原本, 其書後人不見, 而徒以所見之遷史, 怪其盜襲焉, 可謂知白出而不知黑入者矣]." 또 「답견수재론수지제이서(答甄秀才論修志第二書)」에서 말한다. "반고가 사마천의 『사기』를 답습하면서 무제 이전의 사실은 대부분 원문을 인용했으며 달리 고친 것이 없다. 『사기』와 『한서』가 동일한 기재이나 사마천의 『사기』가 이미 오랫동안 통용되었으므로 의심할 나위가 없다[班襲遷史, 孝武以前, 多用原文, 不更別異. 以『史』·『漢』同一紀載, 而遷史久已通行, 故無嫌也]."

62 조익(趙翼), 『이십이사차기(廿二史劄記)』 권2, 「한서증전(漢書增傳)」·「한서증사적(漢書增事蹟)」 조(條) 참조. 현세 사람 오복조(吳福助)의 『사한관계(史漢關係)』(曾文出版社, 1975)에서 『사기』와 『한서』를 아주 전면적으로 비교했는데 참고할 만하다.

에는 「교태자소(教太子疏)」를, 「언병사소(言兵事疏)」·「모민사새하소
(募民徙塞下疏)」·「현량책일도(賢良策一道)」·「노온서전(路溫舒傳)」에
는 「상덕완형소(尚德緩刑疏)」를, 「가산전(賈山傳)」에는 「지언(至言)」
을, 「추양전(鄒陽傳)」에는 「풍간오왕비사모서(諷諫吳王濞邪謀書)」를,
「매승전(枚乘傳)」에는 「간오왕모역서(諫吳王謀逆書)」를, 「한안국전(韓
安國傳)」에는 「여왕회론벌흉노사(與王恢論伐匈奴事)」를, 「공손홍전
(公孫弘傳)」에는 「현량책(賢良策)」을 기재했는데, 이는 모두 『사기』에
는 없으나 『한서』에 첨가하여 기재한 것들이다.[63] 이것으로 『한서』는
무제 태초 이전의 일을 기술하면서 『사기』 이외의 문헌을 많이 참고
했음을 알 수 있다. 무제 태초 이후부터 평제(平帝)까지 여섯 황제의
일에 대하여, 『한서』는 반표가 쓴 후전(後傳)과 여타 여러 가(家)의 기
록을 인용했다. 예를 들면, 「원제기(元帝紀)」·「성제기(成帝紀)」·「위
현전(韋賢傳)」·「적방진전(翟方進傳)」·「원후전(元后傳)」은 모두 반표
의 「후전」을 인용한 흔적이다.[64] 「조윤한장량왕전(趙尹韓張兩王傳)」
찬(贊)은 바로 이러하다. "효무제가 좌풍익(左馮翊)·우부풍(右扶風)·

---

63 조익(趙翼), 『이십이사차기(廿二史劄記)』 권2, 「한서다재유용지문(漢書多載有用之文)」 조
　(條) 참조.

64 『한서』 「元帝紀」 찬(贊)은 이러하다. "신의 외조부 형제가 원제를 시봉하면서 신에게
　말했다……[臣外祖兄弟爲元帝侍中, 語臣曰……]." 「成帝紀」 찬(贊)은 이러하다. "신의
　고모가 후궁으로 들어와 첩여가 되어, 아버지와 자식의 형제들이 시종을 들었는데,
　여러 차례나 신에게 성제를 언급했다…… [臣二姑充後宮爲婕妤, 父子昆弟侍帷幄,
　數爲臣言成帝……]." 이곳에서 말하는 '신(臣)'은 모두 반표 자신을 가리킨다. 응소(應劭)
　는 말한다. "元帝紀와 成帝紀는 모두 반표가 지었다[元成紀皆班彪所作]." 「위현적
　방진원후삼전(韋賢翟方進元后三傳)」 찬(贊)은 모두 '사도연·반표가 말한다[司徒掾班彪
　曰]'라고 하는데, 삼전(三傳)은 반표의 손에서 나왔을 가능성이 상당히 높다. 안작장(安作
　璋)이 지은 「반고전(班固傳)」(『中國史學家評傳』, 中州古籍出版社, 1985) 참조.

경조윤(京兆尹)을 설치한 이래 관민들이 지은 말은 이러하다. '앞에는 조(趙)와 장(張)이 있고, 뒤에는 삼왕(三王)이 있다.' 그러나 유향(劉向)은 조광한(趙廣漢)·윤옹귀(尹翁歸)·한연수(韓延壽)만을 언급했다. 풍상(馮商)은 왕존(王尊)의 전(傳)을 지었으며, 양웅(揚雄) 또한 그를 칭찬했다[自孝武置左馮翊·右扶風·京兆尹, 而吏民爲之語曰: '前有趙張, 後有三王.' 然劉向獨序趙廣漢尹翁歸韓延壽, 馮商傳王尊, 揚雄亦如之]." 이는 유향·풍상·양웅의 작품을 참고했음을 분명히 밝힌 것이다. 풍상은 『속태사공(續太史公)』 7편을 지었으며,[65] 『한서』「장탕전(張湯傳)」 찬(贊)은 풍상의 말을 인용했다. 유향과 양웅 역시 사마천의 뒤를 계승하여 『사기』 속편을 편찬했다.[66] 반고는 이를 근거로 인용했으니 이치에 매우 합당하다. 이전 사람들이 누차에 걸쳐서 언급했는데 의심할 여지가 없는 것이 『한서』「율력지(律曆志)」와 「오행지(五行志)」는 본래 유향과 유흠(劉歆) 부자의 작품이고,

---

65 『한서』「예문지(藝文志)」.

66 『사통』「고금정사(古今正史)」편은 이러하다. "『사기』에 기록된 바는 한 무제 시기까지이며, 태초 이후는 기록되지 않았다. 그 후 유향과 그의 아들 흠(歆), 그리고 역사 편찬에 관심이 많았던 사람들, 예컨대 풍상(馮商)·위형(衛衡)·양웅(揚雄)·사잠(史岑)·양심(梁審)·사인(肆仁)·진풍(晉馮)·단숙(段肅)·김단(金丹)·풍연(馮衍)·위융(韋融)·소분(蕭奮)·유순(劉恂) 등이 서로 이어받아 편찬하여 한 애제와 평제 연간까지를 기록했는데, 여전히 『사기』라고 칭했다[史記所書, 年止漢武, 太初以後, 闕而不錄.其後劉向, 向子歆及諸好事者, 若馮商·衛衡·揚雄·史岑·梁審·肆仁·晉馮·段肅·金丹·馮衍·韋融·蕭奮·劉恂等, 相繼撰續, 迄於哀平間, 猶名史記]." 그밖에 양수달(楊樹達)의 학설을 참고할 수 있다.(『한서규관(漢書窺管)』권8, 602쪽. 이 책은 『양수달문집(楊樹達文集)』 10권으로 上海古籍出版社에서 1984년 1월 출판되었으며, 맨 처음 세상에 나온 것은 1955년으로 中國科學出版社에서 출판되었다.)

「예문지」는 본래 유흠의 『칠략(七略)』에 있던 것이며,[67] 유향의 『설원(說苑)』과 『신서(新序)』 또한 아마도 『한서』의 근원(根源) 자료일 것이다.[68] '이전의 기록을 탐구하고 들은 바의 견문을 편집한다[探纂前記, 綴輯所聞]'라는 말은 본래 반고가 한 명언으로 역사를 기록하는 말은 반드시 근거가 있어야 하고 거짓으로 상상하여 지어내서는 안 되며, 이는 또한 중국 고대 역사가들의 신조이기도 하다. 그러나 공자에서부터 반고에 이르기까지 중국 고대 역사가들의 사학 저술은, 그 문헌 자료의 풍부함과 견실함이란 측면에서 서양의 고대 역사가들이 상상할 수 있는 정도를 훨씬 뛰어넘는다. 중국과 서양의 사학을 비교함에 있어 이런 점에 주의를 집중하다 보면 그 차이점은 저절로 분명하게 드러난다.

---

67 이러한 학설은 진직(陳直), 『한서신증(漢書新證)』 「自序」(天津人民出版社, 1959. 10)에 보인다.

68 Ibid.

제5장

사학 저술의 업적 비교(중)

2. 사학 저술의 범위와 내용

역사가가 근대사와 현대사를 새롭게 공들여 기술한 것은 서양 고대 사학의 뚜렷한 특색이다. 헤로도토스의 『페르시아 전쟁사』는 기원전 5세기 전반기의 역사를 기술한 것으로 헤로도토스가 눈으로 보고 귀로 들은 것이다. 투키디데스의 『펠로폰네소스 전쟁사』는 아주 표준적인 현대사로서 그는 이렇게 언급했다. "나는 상고시대의 진실하고 구체적인 지식을 얻을 수 없음을 알았다. 설령 우리 한 세대 이전의 역사라 할지라도 시간적으로 너무 요원하기 때문이다."[1] 그는 심지어 하나의 역사적 사건의 이전과 이후에 어떤 일이 발생했는지는 아무런 의미가 없다고 생각했다. 『아나바시스(Anabasis)』를 쓴 크세노폰(Xenophon, 430 B.C. - 350? B.C.)은 원래 장군이었는데, 전쟁의 경험을 직접 서술했다. 10년 이상의 시간을 들인 대작 『역사(Historia)』를 완성한 폴리비우스[2]가 기술한 것은 기원전 220년부터 168년까지 53년 동안

---

1 Thucydides, *History of the Peloponnesian War*, I 20 (trans. Rex Warner).
2 王任光, 「波力比阿斯的史學」(『臺大歷史學系學報』 제3기, 1976) 참조.

의 로마 근현대사였다.[3] 그리스 역사가들은 이성과 경험으로 신화(神話)와 서사시(敍事詩)의 권위를 대체했으나 아득한 과거를 발현할 수 있는 적당한 방법을 찾아내지 못했으며,[4] 그래서 목격자가 진술한 증거로 구성할 수 있는 현대사나 혹은 귀 기울여 들은 최근의 근대사를 저술하는 것을 선호하게 되었다. 로마 시대의 위대한 역사가 타키투스가 저술한 『로마 제국사』는 서기 4년부터 96년까지 서술한 로마의 역사인데 이는 저자가 친히 접근할 수 있었던 시대였다. 리비우스의 『로마사』는 7백 년이란 오랜 시간을 섭렵하여 근대사와 현대사를 넘어서는 서양의 고대 통사임에 분명한데도 리비우스는 오히려 '편찬

---

3 헤로도토스, 투키디데스, 크세노폰, 폴리비우스 등 몇몇 유명한 역사가 외에, 그리스의 다른 역사가들 또한 근현대사를 쓰는 것을 착안했다. 모밀리아노(Arnaldo Momigliano)는 일찍이 이렇게 말했다:

"It is evident that all these 'great' historians did in fact tend to write either exclusively or prevalently about facts of the near past. Herodotus wrote about the Persian Wars, an event of the previous generation; Thucydides wrote the history of the contemporary Peloponnesian War; Xenophon concentrated on the Spartan and Theban hegemonies (404 – 362 B. C.), which he had witnessed; Polybius started in earnest with the Second Punic War (218 B.C.) and went it down to his own time, until c. 145 B. C. The same applies to Sallust, Livy, Tacitus (who covered the preceding hundred years), and to Ammianus Marcellinus (who devoted thirteen books to the period A. D. 96 – 352 and the remaining eighteen to the history of only twenty – six years). The same bias towards near – contemporary events was be found in other historians of great repute whose works are now lost, except for fragments. Theopompus wrote on the events dominated by his contemporary, Philip II of Macedon; Ephorus dealt with archaic Greek history in ten books, gave another ten books to the fifth century B. C., and reserved approximately ten books to 386 – 340 B. C.; Timaeus filled the greater part of the thirty – eight books of his history of Western (mainly Sicilian) Greeks with the event of his own time – roughly 340 – 288 B.C. ; Posidonius continued Polybius for the last century from 143 B. C. to his own day, about 70 B. C."

("Tradition and Classical Historian", in Arnaldo Momigliano, *Essays in Ancient & Modern Historiography*, 1977, p. 161 – 162.)

4 Ernst Breisach, *Historiography, Ancient, Medieval & Modern*, 1983, p. 35.

자(Compiler)'라 불렸다. 서양의 고전 역사가들이 그를 지난 일을 보고 들을 줄 아는 자주적인 탐구자가 아니라고 여기므로 그는 편찬자가 될 수밖에 없었다.[5] 풍부한 옛 문헌을 한데 모아 고금을 관통하는 믿을 만한 정사를 저술한다는 것은 서양 고대 역사가들로서는 감당하기 어려운 일이었다.[6]

역사가의 관심이 군사사와 정치사에 집중되어 경제사와 사회사를 거의 완전히 서술 범위 밖에 내버려둔 것은 서양 고대 사학의 또 다른 특징이다. 그리스와 로마의 역사 연구에 탁월한 성취를 이룬 모밀리아노(Arnaldo Momigliano)는 일찍이 이렇게 말했다. "고전 역사가들은 우리가 흥미를 느끼는 역사의 모든 영역을 섭렵하지는 못했다. 그들은 우리가 말하는 군사사와 정치사에 해당하는 제한된 영역만을 탐구했으며, 경제와 사회와 종교 현상에 대해서는 거의 완전히 방치했다."[7] 전쟁의 실제 상황을 묘사한 책은 그리스 사학 저술 총량의 거의

---

5 R. G. Collingwood, *The Idea of History*, p. 40:
   "Livy had attempted a really great task, but he has failed in it because his method is too simple to cope with the complexity of his material, and his story of the ancient history of Rome is too deeply permeated with fabulous elements to be ranked with the greatest works of historical thought···. As the Empire went on, historians began more and more to content themselves with the wretched business of compilation, amassing in an uncritical spirit what they found in earlier works and arranging it with no end in view except, at best, edification or some other kind of propaganda."

6 Ernst Breisach, *Historiography, Ancient, Medieval & Modern*, p. 38 - 39.

7 Arnaldo Momigliano, "Popular Religious Beliefs and the Late Roman Historians", in Arnoldo Momigliano, *Essays in Ancient & Modern Historiography*, p. 142:
   "Classical historians did not cover all the field of history in which we are interested. They explored a limited field which corresponds to what we call military and political history, to the almost total exclusion of economic, social and religious phenomena."

5분의 4를 차지했는데,[8] 이는 주목할 만한 통계이다. 『페르시아 전쟁사』, 『펠로폰네소스 전쟁사』, 『아나바시스』와 로마 역사가 율리우스 카이사르(Julius Caesar, 100 B.C. - 44 B.C.)의 『갈리아 전기(Commentaries on the Gallic War)』, 살루스티우스(Sallust, 86 B.C. - 34 B.C.)의 『유구르타 전쟁(The Jugurthine War)』은 모두 전쟁사로 명명(命名)되었다. 전쟁사로 명명하지 않은 것도 대부분 전쟁을 기술했다. 전쟁은 그리스 사람의 마음속에서는 당연한 현실로서 삶과 죽음처럼 피할 수 없는 것이었다. 그리스인은 전쟁의 원인을 찾는 데 관심을 가졌으며, 그리하여 전쟁이 바로 그리스 사학의 핵심이 되었다.[9] 그리스 사학은 로마 사학에 영향을 끼쳤는데,[10] 그리하여 로마 사학 역시 전쟁사의 범주에서 벗어나지 못했다.[11] 정치사의 저술과 관련해서 정치사를 새롭게 저술한 투키디데스는[12] 오로지 정치사와 군사사만을 썼으며, 그는 세상에서 가치 있는 것은 오직 정치사뿐이며 가능한 한 그 이름을 정치군사사(politico-military history)로 바꿔야 한다고 여겼는데, 이러한 관념은

---

8 Arnold Toynbee, *Greek Historical Thought*, 1952, p. xiii.

9 Arnaldo Momigliano, "Some observations on Causes of War in Ancient Historiography", in Arnaldo Momigliano, *Studies in Historiography*, p. 120 - 121 참조.

10 J. B. Bury, *The Ancient Greek Historians*, p. 241:
"Roman historiography followed the lines of Greek historiography from which it sprang."

11 紹特韋 저, 何炳松·郭斌佳 역, 『西洋史學史』(商務印書館, 1929 - 31), 295쪽. "로마사는 사실 여러 해 계속되는 전쟁사이며, 리비우스의 가장 뛰어난 점이 바로 전후와 전시의 상황을 묘사한 데 있다."

12 J. B. Bury, *The Ancient Greek Historians*, p. 92:
"Thucydides created political history; economic history is a discovery of the nineteenth century."

그리스와 로마에 영향을 끼쳤을 뿐만 아니라 수 세기 동안 유행되었다.[13] 특히 19세기에까지 영향을 끼쳐 "역사는 과거의 정치이며, 현재의 정치는 미래의 역사[History is past politics, and present politics future history]"라는 학설이 유유히 등장하게 했다.[14] 로마의 가장 위대한 역사가 타이타스는 명작인 『연대기(Annals)』를 저술했는데, 정치를 제재로 한 것으로 비록 그가 이미 수집한 사회에 관한 자료를 알고 또 경제적인 요소를 깨닫기는 했지만, 기본적으로 그는 로마 정치 역사가(a historian of Roman politics)였다.[15] 군사사와 정치사의 저술에 심취하여 영역을 확장할 생각을 못한 것은 서양 고대 역사가들의 잘못된 풍조였다.

서양의 고대 역사가들 역시 문화사와 세계사에 관해서 언급했다. 헤로도토스는 민족의 기원과 풍속을 흥미진진하게 서술했으며, 도시와 국경선, 헌법, 정치에 대해서 서술했고, 이집트, 아랍, 인도, 스키타이(Scythia), 리비아와 트라케(Thrace)의 신기함에 대해서도 언급했다. 그의 저술 중에서 이러한 서술은 단지 지엽적으로 낯선 민족과 지역에 대한 인간의 호기심을 만족시키는 데 그치지 않고, 실질적인 탐문으로 광범위한 문화사를 구성하고 있다.[16] 그것으로 그는 문화사의

---

13 Ernst Breisach, *Historiography, Ancient, Medieval & Modern*, 1983, p. 38:
　 "Thucydidean political history remained prominent for centuries."

14 Michael Grant, *The Ancient Historians*, p. 113 참조.

15 Ibid., p. 279.

16 Ernst Breisach, *Historiography, Ancient, Medieval and Modern*, p. 12.

창시자로 추대되었다.[17] 동시에 그 작품이 비록 시간적 공간적으로 모두 세계적인 것은 아니지만 어떠한 세계사적인 특색은 갖추었다. 시간적으로 세계적이 아니라는 것은 그리스 역사를 원시까지 추적하지 않았음을 지적한 것이고, 공간적으로 세계적이 아니라는 것은 서부 그리스인(Western Greeks)과 서지중해의 민족(the people of the Western Mediterranean)을 기술하지 않았음을 가리킨 것이다. 그럼에도 불구하고 헤로도토스의 『역사』는 대단히 뛰어난, 소위 세계사적인 본질을 지녔으며 관점을 집중하여 각 민족과 밀접한 관련이 있는 역사를 조화로운 서술 가운데로 녹아들게 했으니, 이 저술이야말로 바로 한 권의 보편적인 인류사(the common history of man)이다.[18] 헤로도토스는 또한 아는 바의 세계를 세심하게 서술하면서[19] 이렇게 말했다. "유럽의 극서부에 관해 나는 확실한 정보가 없다. ……아무리 최선을 다해도 나는 유럽 북쪽과 서쪽에 큰 바다가 존재함을 증명하는 1차 정보를 나에게 줄 어떠한 사람도 찾지 못했다."[20] 그는 페르시아인에 대해서도 지극히 관용적인 태도를 취했는데, 그들의 미덕을 숨기지 않고 그들의 풍속을 칭송했다. 그는 동방의 그리스인이 아닌 사람들의 성취를 묘사하는 것이 중요한 작업이라고 여겼다. 멋진 페르시아 위인들이

---

17 Ibid., p. 18.

18 J. B. Bury, *The Ancient Greek Historians*, p. 45.

19 Ibid., p. 74.

20 Herodotus, *The Histories*, III 115 (trans. A. de Se´lincourt):
   "About the far west of Europe I have no definite information.... In spite of my efforts to do so, I have never found anyone who could give me first – hand information of the existence of a sea beyond Europe to the north and west."

그의 저술 속에 등장했으니 그의 약속은 충분히 실현되었다. 여러 방면에서 열애주의자인 그리스인에 비하여 그는 세계정신이 아주 풍부했다.[21] 헤로도토스 이후에 투키디데스는 과거를 기술하지 않고 오로지 현재만을 기술했으며, 변두리 지역을 기술하지 않고 거주지에서 발생한 일들만을 기술했다.[22] 동시에 정치사와 군사사만을 서술했는데, 당연히 문화사와 세계사는 언급하지 않았다. 폴리비우스의 명저 『역사』는 세계적인 시각의 세계사인데, 그는 "로마 정체는 도대체 어떤 특성이 있어서 이미 알려진 전 세계로 하여금 그 짧은 53년 만에 거의 완전히 로마의 권위 아래 굴복하게 했는가?"[23]에 미혹되었다. 그는 동시대의 사람들이 체계적으로 세계를 서술하지 않았음을 개탄하면서 열성적으로 체계적인 저술을 시도했다. 동시에 역사 논문에서 역사의 전모를 얻을 수 있다고 여기는 사람들은 눈앞에 사분오열된 신체를 관찰하면서 바로 원래 그렇게 생생하고 아름다운 인체를 본 것이라 여기는 사람과 마찬가지로 똑같은 잘못을 저지른다고 탄식했다.[24] "세계사의 전모를 이해하는 데 있어서 역사 논문의 공헌은 실제로 아주 미약하다. 오로지 많은 사건을 연계해서 서로 비교하고 피차 간의 차이를 밝혀야 만이 우리는 비로소 사실을 관찰하는 능력을 갖출

---

21 Michael Grant, *The Ancient Historians*, p. 59 참조.

22 A.D. Momigliano, "The Place of Herodotus in the History of Historiography", in A. D. Momigliano, *Studies in Historiography*, p. 130.

23 Polybius, *The Histories*, 1.1 (trans. Evelyn S. Shuckburgh).

24 Ibid., 1.4.

수 있으며, 그러면서 역사로부터 즐거움과 이로움을 얻을 수 있다."[25] 로마제국이 폴리비우스를 세계사의 영역으로 이끌었음은 의심할 여지가 없다.

서양 고대 사학 저술의 범위는 시간적으로 근대사와 현대사를 경계로 하는데 실제로는 정치사와 군사사를 종선과 횡선으로 하고, 문화사와 세계사의 변두리를 간략하게 언급했다. 그 범위가 이와 같으니 그 내용은 그래서 제한을 받는다.

문헌 근거가 풍부하고 천년 이상을 관통하는 통사는 서양의 고대에는 나타나지 않았다. 통상 50년 전후의 역사이며, 역사가들은 고대의 역사를 근원으로까지 추적하려고도 또 할 수도 없었으니, 이는 서양 정사(正史)의 시간이 단축되게 했으며, 서양 고대의 사학 저술의 빛을 크게 잃게 했다. 세계사는 단지 소수의 역사가만이 동경한 목표가 되었으며, 문화사는 대략 구색을 맞추는 정도였으니, 그 세계사와 문화사의 내용이 어떨지 가히 짐작된다. 그러므로 서양 고대 사학 저술의 내용 중 뛰어난 부분은 정치와 군사 방면에 집중된다. 예컨대 투키디데스의 『펠로폰네소스 전쟁사』에 기재된 페리클레스의 추도사(The Funeral Oration of Pericles)는 천추(千秋)에 찬란히 빛난다.

우리의 정체는 이웃 나라들의 제도를 모방한 것이 아닙니다. 우리는 남을 모방하기보다 남에게 본보기가 되고 있습니다. 소

---

25 Ibid.

수자가 아니라 다수자의 이익을 위해 나라가 통치되기에 우리 정체를 민주정치라고 부릅니다. 시민들 사이의 사적인 분쟁을 해결할 때는 법 앞에 만인이 평등합니다. 그러나 주요 공직 취임에는 개인의 탁월성이 우선시되며, 추첨이 아니라 개인적인 능력이 중요합니다. 마찬가지로 누가 가난이라는 불리한 조건에도 불구하고 도시를 위해 좋은 일을 할 능력이 있다면 가난 때문에 공직에서 배제되는 일도 없습니다. 우리는 정치 생활에서 자유롭고 개방적인데 일상생활에서도 그 점은 마찬가지입니다. 우리는 서로 시기하고 감시하기는커녕 이웃이 하고 싶은 일을 해도 화내거나 못마땅하다는 표정을 짓지 않는데, 그런 표정은 실제로 해를 끼치지는 않지만 남의 감정을 상하게 하지요. 사생활에서 우리는 자유롭고 참을성이 많지만, 공무에서는 법을 지킵니다. 그것은 법에 대한 경외심 때문입니다.

우리는 고상한 것을 사랑하면서도 비용을 많이 들이지 않으며, 지혜를 사랑하면서도 문약하지 않습니다. 우리에게 부(富)는 행동을 위한 수단이지 자랑거리가 아닙니다. 가난을 시인하는 것이 부끄러운 일이 아니라 가난을 면하기 위해 실천적인 조치를 취하지 않는 것이 진정으로 부끄러운 일입니다. 이곳에서 정치가들은 가사도 돌보고 공적인 업무도 처리하며, 주로 생업에 종사하는 사람들도 정치에 무식하지 않습니다. 우리 아테네인들만이 특이하게도 정치에 참여하지 않는 자들을 비정치가가 아니라 무용지물로 간주합니다. 그리고 우리만이 정책을 직접 준비하거나 토의하는데, 그것은 우리가 말과 행동을 양립할 수 없는 것으로 보지 않고, 결과를 따져 보기도 전에 필요한 행동부터 취하는 것을 최악으로 보기 때문입니다. 우리와 다른 백성 사이에는 또 다른 차이점이 있습니다. 우리는 모험심이 강하면서도 사전에 심사숙고할 능력이 있는 데 반해, 다른 백성은 무지하기에 용감하고, 그들에게 숙고한다는 것은 주저하는 것입니다. 그렇지만 인생에서 두려운 것과 즐거운 것의 의미를 명확히 알기에 어떤 위험도 피하지 않는 사람이야말로 진실로 정신력이 가장 강한 사람이라고 보아야 할 것입니다.

우리는 선행의 개념에서도 대부분의 다른 백성과 현저하게 다릅니다. 우리는 남의 호의를 받아들임으로써가 아니라 남에게 호의를 베풂으로써 친구를 만들기 때문입니다. 그렇지만 둘 중 호의를 베푼 쪽이 더 신뢰받게 마련입니다. 그는 계속 호의를 베풀어 받은 쪽이 고마워하는 마음을 간직하기를 원하지만, 받는 쪽이 호의를 되갚아도 자발적으로 베푸는 것이 아니라 빚을 갚는다는 생각 때문에 베푼 쪽만큼 열의를 보이지 않기 때문입니다. 남을 돕는 방법도 특이한데, 우리는 손익을 따져 보고 남을 도와주는 것이 아니라 우리의 자유를 믿고 아무 두려움 없이 도와줍니다. 간단히 말해 우리 도시 전체가 헬라스의 학교입니다. 그리고 우리 시민 개개인은 인생의 다양한 분야에서 유희하듯 우아하게 자신만의 특질을 개발할 능력이 있다고 생각됩니다.

바로 그런 도시를 위해 여기 이분들이 용감하게 싸우다가 죽어간 것이니, 그런 도시를 잃어서는 안 된다고 생각했던 것입니다. 그러니 살아남은 우리도 각자 그런 도시를 위하여 당연히 노

고를 감수해야 할 것입니다.[26]

위의 내용은 전체 추도사 수천 마디의 유창한 연설 중의 일부분이다. 투키디데스는 문헌적 근거 없이 당연하다는 듯이 추도사를 써 내려갔다. 비록 역사학적으로는 중대한 규율을 어겼지만 그는 페리클레스의 입을 빌려 자신이 직접 보고 인지한 아테네를 표현해 냄으로써 아름다움과 지혜를 사랑하고, 더구나 자유롭고 민주적이며 관용과 평화의 도시국가를 세상 사람들의 눈앞에 펼쳐 보였으니, 이것은 사학에 있어서 지대한 공헌임에 틀림없다. 거의 모든 그리스와 로마의 역사가들은 이러한 방법〔소위 수사학의 방법〕을 응용하여 그리스와 로마의 정치가 천년토록 세상에 찬란히 빛나게 했다. 세계 사학에 있어서 이는 매우 특이한 일이다.

전쟁에 관한 묘사는 특히 서양 고대 역사가들의 뛰어난 장점이다. 헤로도토스는 페르시아의 크세르크세스 왕(King Xerxes)이 대군을 이끌고 그리스를 공격하는 전쟁을 구구절절 생동감 있게 묘사했다. 그 전쟁의 말미를 묘사한 내용을 살펴보면 아래와 같다.

야만인들이 크세르크세스의 인솔 하에 포위하여 다가오자, 레오니다스 〔Leonidas, 그리스 도시 연합군의 사령관〕가 이끄는

---

26 Thucydides, *History of the Peloponnesian War*, Book II. 〔trans. R. Warner〕 중국어 번역은 謝德風의 번역문을 인용하면서 약간 윤색을 했다. 역주: 한국어 번역은 도서출판 숲이 2011년에 출판한 천병희의 번역문을 인용했다.

그리스 군대 역시 맞서 나갔다. 그들은 죽을 각오를 하고 일전에 비해 더 빠른 속도로 관문 가운데 비교적 넓은 장소로 나섰다. 이 이전에 그들은 줄곧 관문의 절벽을 사수하면서 절벽의 가장 좁은 곳에서 적들을 공격했다. 지금 그들은 절벽에서 나와서 야만인들과 마주하여 교전하며 맹렬히 그들을 공격하자, 적들은 때죽음을 당했다. 야만인들의 뒤에는 그들의 부대장들이 있었는데, 이 부대장들은 손에 채찍을 들고서 공격을 재촉했다. 그리하여 많은 병사들이 떼밀려 바다로 떨어졌으며, 더욱 많은 병사들이 자기들끼리 밟혀 죽었는데도 아무도 그들의 생사를 상관하지 않았다. 그리스인 쪽에서는 이미 일찌감치 필사의 각오를 다졌으며, 또한 페르시아인들이 이미 산을 넘어왔기 때문에 [이 때 페르시아 군대는 아소푸스(Asopus)산을 넘어 그리스 군대로 진격했다] 그들은 전멸당할 것을 알았다. 그래서 개개인 모두가 용맹하게 싸웠으며 사납기 그지없었다.

이때 그들은 이미 대부분의 창이 모두 버려졌으며, 그리하여 단검을 들고 전진하여 페르시아 병사들을 공격했다. 전투는 계속되었으며 레오니다스는 용감하게 전사했다. 그와 함께 목숨 바친 스파르타 사람들에 대해 내 일찍이 연구한 바가 있는데, 이름을 아는 자는 모두 300명이었다. 동시에 많은 유명한 페르시아 사람들도 목숨을 잃었는데, 그 중에는 다리우스왕(King Darius)의 두 아들도 포함되었다……

이는 바로 크세르크세스의 두 형제가 전사했다는 것을 말한다. 뒤이어 페르시아인과 라케다모니아(Lacedaemonia)인은 레오니다스의 시체를 위해 또 싸웠다[레오니다스는 라케다모니아 사람이었다]. 그리스인은 네 차례나 적들을 물리쳤으며, 그들은 용맹하게 그 시체를 지켰다. 이 쟁탈전이 아직 끝나지 않았을 즈음, 페르시아 군대가 또 공격해 왔다. 그리스인은 그들이 공격해 온다는 것을 듣고 전술을 바꾸기로 결정했다. 그들은 가장 좁은 협곡으로 후퇴하여 두 절벽이 만나는 지점에 멈추어 일렬로 정렬했다……. 내가 말하는 두 절벽이 만나는 지점이란 바로 협곡의 입구에 위치하는데, 현재는 한 사자상이 놓여 레오니다스를 기념하는 장소이다. 이곳에서 그들은 죽을 각오로 저항했는데, 칼이 있는 자는 칼로써, 칼이 없는 자는 맨손으로, 이빨로써 싸웠다. 그렇게 야만인들이 절벽을 허물어 사방에서 벌떼처럼 밀려와 창들이 난무하는 사이에서 그들이 전멸할 때까지 저항했다.

모든 그리스 군대는 바로 이렇게 영광스럽게 전사했다. 그러나 전하는 바에 의하면 한 병사가 다른 병사들보다 더 용맹했는데, 이 사람이 바로 디에네세스(Dieneces)였다. 그리스인이 메데스(Medes)인 [페르시아의 선봉군]과 싸울 때, 그가 한 말은 지금까지도 전해진다. 한 트라키니아(Trachinia)인이 그에게 말했다. "야만인들의 숫자가 아주 많아서 그들이 화살을 쏘면 태양을 모두 가립니다." 디에네세스는 이 말에 조금도 겁내지 않았다. 그는 오히려 메데스인의 숫자에 대해 가볍게 웃어넘기며 화답했다. "이 트라키니아 친구가 좋은 소식을 가져왔군, 만약에 메데스인이 태양을 가린다면 우리는 마침 그늘에서 싸울 수가 있겠군."

사망한 전사들은 그들이 쓰러진 곳에 묻혔다. 레오니다스가 철수하라고 명령하기 전과 후에 사망한 모든 전사들은 함께 기념되었다. 비명은 이러하다. "펠로폰네소스에 온 4천 전사는 30만 적군에 용감하게 대적했다."[27]

역사가의 펜으로 잔혹하고 격렬하며 비장한 전쟁을 완전히 한 폭의 그림으로 묘사했다. 인간 세상에 그로 인하여 전쟁이 빈발해진 것일까? 이는 세상 사람들이 깊이 생각해 볼 일이다.

폴리비우스는 카르타고와 로마의 전쟁을 묘사했는데 특히 심금을 울린다.

모든 작전의 준비가 갖추어졌으며, 쌍방의 기병들도 이미 한차례 교전을 벌였다. 그리하여 한니발(Hannibal)은 코끼리 부대의 병사들에게 적군을 공격하도록 명령했다. 하지만 그들이 호각소리를 들었을 때, 몇몇 코끼리들이 날뛰면서 통제가 안 되어 뒤돌아서 카르타고(Carlthagy) 부대의 기병을 향하여 돌진했다. 이에 (로마 장군) 마시니사(Massinissa)로 하여금 전속력으로 카르타고군의 좌익을 향해 공격하게 했는데, 그곳의 기병은 이미 혼란에 빠져 그들을 보호할 수 없었기 때문이다. 남은 코끼리 떼는 로마 진영 사이에 있는 빈 공간의 경기병대로 향해 돌진하여 많은 적들을 살상했지만 코끼리 떼 역시 큰 손실을 입었다. 나중에, 코끼리

---

27 Herodotus, *History of the Persian Wars*, Book VII. [trans. George Rawlinson] (New York: Random House, 1942). 李弘祺의 중국어 번역문을 인용함(李弘祺 편, 『西洋史學名著選』, 時報出版公司).

들은 놀라서 빈 들판으로 내달렸다. 스키피오(Scipio)는 로마 병사들에게 명령하여 코끼리들이 안전하게 뛰쳐나가도록 했다. 그러나 일부 코끼리들은 로마 기병의 비 오듯 하는 창의 공격에 우측으로 내달렸으며 결국에는 전장을 벗어났다. 바로 코끼리 떼들이 날뛰면서 내달릴 때, 라엘리우스(Laelius)는 카르타고 기병을 압박하여 교전을 벌였다. 그런 후에, 그는 또 마시니사와 함께 위협하며 추격했다. 동시에 쌍방의 중무장 보병은 정연한 대오와 절대적인 신심으로 전투를 시작했으며, 오직 한니발 직속의 이탈리아군만이 원위치에서 움직이지 않았다. 쌍방이 교전을 치른 후에, 로마 군대가 용맹하게 전진했는데, 일제히 함성을 외치며 검으로 방패를 치면서 공격하자 천지가 진동했다. 카르타고의 용병들은 완전히 당황하여 울부짖었는데, 차마 끝까지 들을 수가 없어 시인의 말로 표현한다면 그것은 바로 '(왁자지껄 떠들썩하여) 그 소리가 제각각이었다.'

그들의 울부짖음이 제각각일 뿐 아니라, 그들의 말도 그들 종족의 다양함만큼이나 더 더욱 제각각이었다.

이번에야말로 양군은 짧은 무기로 공격에 나서서 힘으로 승리를 쟁취했다고 말할 수 있다. 전투병들은 이미 창을 사용할 수가 없었으며, 검으로써 서로를 공격했다. 용병들은 기술과 용기가 상대적으로 뛰어나 한 무리의 로마 병사들을 살상했다. 하지만 후자는 전투의 진용이 엄밀하여 흩어지지 않았고 게다가 무기 또한 우수하여 계속해서 전진하면서 격렬하게 싸웠다. 후방이 또한 선봉을 지원하며 벌떼처럼 전진하여 선봉의 사기를 진

작시켰다. 카르타고 군대는 오히려 선봉의 용병들과 호응이 원활하지도 않았고, 그들을 지원하지도 않았으며, 도리어 공포와 무기력한 표정만을 노출할 뿐이었다. 이렇게 되자 외족의 용병들은 바로 자포자기했다. 그들은 카르타고 사람들이 뻔뻔스럽고 부끄러움을 모르는 것에 격분하여 자기 쪽의 부대를 제멋대로 포기하고 철수하면서 후위 부대를 짓밟거나 유린하고 심지어는 그들을 살상하기 시작했다. 이렇게 되자 카르타고 사람들은 오히려 분기하여 몸을 돌보지 않고 서로 죽이기 시작했다. 이것은 그들이 자기가 고용한 용병들에 살상되었기 때문에 마음은 원하지 않았으나 일시에 양쪽의 군대를 동시에 대적해야 했다. 그렇게 되자 그들은 창병들의 진영을 흐트러뜨렸다. 로마 부대는 주력부대가 출전하여 전투를 치러야 했으나, 카르타고 자신의 부대와 용병의 대부분이 자기편끼리 서로 죽이거나 혹은 로마 창병들에게 죽임을 당했다. 그 잔여 부대가 후방으로 후퇴하기 시작했으나, 한니발은 부대에 명령하여 창두를 앞으로 겨누게 하여 그들이 후방으로 퇴각하지 못하게 하자 그들은 부득이 공터나 양옆으로 도망쳐 버렸다.

양군이 대치하고 있는 중간 지대에는 피와 부상병과 시신들이 도처에 널려 있었다. 적들이 궤멸되어 쓰러지자 로마 장군에게 생각지도 못한 어려움을 가져왔다. 그들은 생각이 치밀하여 (로마 군대의) 공격 질서를 아주 곤란하게 만들었는데 - 지상에 핏자국이 가득하여 아주 미끄러웠으며, 땅에는 혈흔이 얼룩덜룩한 시체가 겹겹이 쌓이고 무기들이 잔뜩 버려져 있었다. 그러나 스키피오는 그들에게 명령하여 부상병을 후방으로 옮기고, 또한 나팔을 불어 추격중인 창병을 퇴각시켜 그들을 전선의 전면에 새로이 배치시켰다. 그는 다시 주력군과 좌우 부대에게 명령하여 밀집 대형으로 뒤를 쫓으며 시체를 타넘어 창병 좌우 양익에 배치했다. 그들이 시체를 타 넘어가 대형을 갖추고 창병과 정연하게 진영을 이룬 후에 마주한 양군은 또 공세를 개시하자 정세가 급박해졌다. 병사수와 정신력, 용기와 도검이 엇비슷하여 오래도록 승부를 가리지 못했다. 쌍방의 병사들은 자신의 안위를 돌보지 않고 용감하게 죽을 각오로 조금도 양보하지 않았다. 최후에는 마시니사 부대와 라엘리우스 부대가 가장 교묘한 시점에 도망자를 추격하는 임무를 완성하고 돌아왔다. 그들은 한니발 부대의 후방에서 공격을 개시하여 많은 병사들을 살해했다. 나머지 도망가던 병사들도 거의가 도망가지 못했는데, 기병대가 그들의 바로 곁에 있었고 땅 또한 아주 평평했기(기병대가 추살하기에 유리하다) 때문이었다. 로마 군대는 1,500명이 전사했고, 카르타고 쪽 전사자는 2만 명이 훨씬 넘었으며, 포로 또한 이 숫자에 육박했다.[28]

서양 고대 역사가들이 이처럼 번거로워 하지도 않으며 전쟁을 묘사했는데, 서양 고대 사학 저술의 서명(書名)을 대부분 전쟁명으로 명

---

28 Polybius, *The Histories* 〔trans. Evelyn S. Shuckburgh〕 (Bloomington: Indiana University Press, 1962). 李弘祺의 중국어 번역문을 인용함 (李弘祺 편, 『西洋史學名著選』).

명한 것도 이상할 게 없다.

　서양 고대 사학 저술의 범위와 내용은 위에서 설명한 바와 같다. 중국 쪽은 어떠한가? 중국 고대 사학 저술의 범위는 시간적으로 말하면 이미 근대사, 현대사에서부터 수천 년을 관통하는 통사에까지 확대되는데 이는 주목할 만하다. 게다가 그 근대사 또한 수십 년의 짧은 시간이 아니라 왕왕 길게는 2, 3백 년이나 오래된다. 『춘추』는 공자가 저술한 근현대사로 노나라 은공(隱公)·환공(桓公)·장공(莊公)·민공(閔公)·희공(僖公) 등 전해 들은 시대로부터 눈으로 직접 본 노나라 소공(昭公)·정공(定公)·애공(哀公)의 시대까지 242년 동안의 역사를 한 편에 모두 담았다. 『좌전』은 『춘추』의 뒤를 이어 노나라 은공(隱公) 원년(기원전 722년)부터 애공(哀公) 27년(기원전 468년)까지 255년 동안의 역사를 자세하게 서술했다. 반고는 『한서』를 편찬했는데 서한 230년의 역사를 집중하여 서술했다. 중국의 단대사(斷代史)는 이로부터 시작되는데 반고가 처한 시대로 말하면〔반고는 한나라 광무제(光武帝) 건무(建武) 8년에 태어나서 화제(和帝) 영원(永元) 4년에 죽었다〕, 『한서』는 매우 표준적인 근대사이다. 그래서 중국 고대 역사가들이 저술한 근대사와 서양 고대 역사가들이 저술한 근대사를 비교하면 시간범위에 있어서 길고 짧은 차이가 있다. 하물며 『한서』 중의 「고금인표(古今人表)」는 유사이래의 인물을 포괄했으며, 『한서』 「예문지」는 고금의 전적들을 망라했고, 기타 「형법」·「식화(食貨)」·「교사(郊祀)」·「오행(五行)」 등 여러 지(志) 또한 모두 상고시대까지 거슬러 올라가는데 이를 미루어 보면 『한서』는 통사의 의미도 있다 하겠다.

기원전 1세기, 사마천은 그의 명저『사기』를 저술했는데, 위로는 황제(黃帝)로부터 아래로는 한 무제 원수(元狩) 원년(기원전 122년) 기린(麒麟)을 포획하는 데까지 모두 약 3천 년의 역사를 12편의 본기(本紀), 10편의 표(表), 8편의 서(書), 30편의 세가(世家), 70편의 열전(列傳)으로 나누어 서술했으니, 이것이 바로 수천 년을 관통하는 유사 이래 최초의 통사이다. 19세기 초엽 이후에 서양 역사가들이 저술한 통사(general history)와 세계사(universal history)가[29] 기적처럼 2천 년 이전의 중국에서 이미 출현했던 것이다. 인류의 수천 년 역사를 한 편에 서술했는데, '그 처음과 끝을 탐구하여 흥망성쇠를 살핀 바[原始察終, 見盛觀衰],'[30] '하늘과 인간의 관계를 탐구하고, 과거와 현재의 변화를 꿰뚫었으며[究天人之際, 通古今之變],'[31] 아울러 '그의 글은 곧으며, 사실들은 모두 확인을 거쳤고, 헛되이 꾸미지도 않았으며, 악한 것을 숨기지도 않았으니[其文直, 其事核, 不虛美, 不隱惡],'[32] 인류의 사학적 성취가 이보다 큰 것이 어디 있으랴? 여기까지 말하고 보니 중국과 서양의 사학이 누가 앞서고 뒤서는지 자세히 논의할 필요가 없다.

---

29 Herbert Butterfield's "Ranke and the Conception of 'General History'", in Herbert Butterfield, *Man on His Past*, 1955, p. 100 – 141; 杜維運,『史學方法論』제21장「比較歷史與世界史」참조.
30 『사기』「태사공자서」.
31 사마천,「보임안서(報任安書)」.
32 『한서』「사마천전」찬.

역사의 공간적 범위를 전 세계로 확대한 것은 중국 고대 사학 저술의 또 다른 특색이다. 공자가 저술한 『춘추』는 세계사이지 노나라만의 역사가 아니다. '그 내용은 제 환공, 진 문공의 사건[其事則齊桓晉文]'[33]이라고 한 말은 공자가 춘추시대 242년 동안 여러 나라에서 발생한 대사건을 서술했다는 것이지 노나라에만 국한된 것이 아니라는 것이다. 게다가 공자는 주왕을 존경했으며, 오나라와 초나라 군주가 스스로 왕이라 칭했으나 『춘추』에서는 그것을 낮추어 '자작(子爵)'으로 호칭했다. 천토(踐土)의 회맹(會盟)에서는 실제 제후가 주나라의 천자를 부른 것이지만, 『춘추』에서 그 사실을 피해서 '천자가 하양으로 사냥을 나갔다[天王狩於河陽]'고 기록한 것은 공자가 통일의 관념을 그 속에다 집어넣었기 때문이었다. 이로써 공자가 세계적인 안목으로 국경을 초월한 세계사를 저술했음을 알 수 있다.

사마천은 『춘추』를 계승하여 『사기』를 저술했는데 그는 공자의 통일 관념을 갖추었으며, 더욱이 공간과 시간의 관념에 있어서 공자보다 더욱 확대시켰다. 공자가 춘추시대 242년의 역사를 저술했다면 그는 황제에서부터 자신이 살았던 시대의 역사까지 서술했다. 공자가 저술한 세계사는 범위가 비교적 좁아서 주로 여러 제후국과 진초(秦楚) 등 중요 외족 국가에 국한되었다. 반면 사마천은 중국 이외에 그가 알 수 있는 세계 전체를 기록했는데, 흉노·조선·남월·동월·서남이(西南夷)·대완(大宛) 등을 일일이 전(傳)에다 열거하고, 인적이 닿

---

33 『맹자』「이루(離婁)」하.

고 해와 달이 비추는 곳은 모두 역사책에 기재했다. 항우를 본기에 넣은 것은 전체 인류사에서 착안한 것으로 '천하를 나누어 왕과 제후를 봉한[分裂天下, 而封王侯]'[34] 항우는 인류의 한 세기를 대표하며, 한편 공자를 세가에 넣은 것은 전체 인류사의 관점에서 공자를 평가한 것으로 유사 이래 학술에 대하여 가장 크게 공헌한 학자로서 이러한 존귀함과 영예는 당연한 것이다. 이렇게 말하고 보니 사마천이야말로 가장 세계적인 안목을 지닌 역사가였으며, 그는 공간적으로 대단히 광활한 세계사를 저술했다. 어느 서양의 한학자(漢學者) 또한 사마천이 한 권의 세계사를 저술했음을 인정했다. "사마천은 한 권의 세계사를 저술했다. 그의 역사 대부분은 중국사인데, 이는 바로 그가 중국이 세계의 중심으로 인류 발전과 문명의 최고봉이라고 생각했기 때문이며, 더구나 그는 중국을 가장 잘 알았기 때문이다. 하지만 그는 시야를 더욱 확대하여 여러 방면으로 둘러보았는데, 한국과 동남아 그리고 중국 북부와 서부 등 지역의 서술도 포함시켰다. 다시 말하면, 그는 신뢰할 만한 자료가 있기만 하면 중국 변방 바깥의 지역을 아주 상세하고 신중하게 묘사했던 것 같다. 예를 들면, 그는 동방의 일본과 서방의 유럽을 언급하지 않았는데, 단언컨대 관심이 없어서가 아니라 자료가 부족해서일 것이다."[35] 사마천이 일본과 유럽을 기록하지 않은

---

34 『사기』「항우본기」.

35 Burton Watson, *Ssu-ma Ch'ien: Grand Historian of China*, 1958, p. 3 – 4:
"Ssu – ma Ch'ien wrote a history of the world. Most of his space he devoted to the history of the area known to us as China, for the reason that this was, to him, the center of the world, the highest point of human advancement and culture, and the area about which

것은 아마 그가 일본과 유럽의 존재를 근본적으로 몰랐기 때문일 것이다. 그는 「대완열전(大宛列傳)」을 저술하면서 대완 이외에 오손(烏孫)·강거(康居)·엄채(奄蔡)·대월씨(大月氏)·안식(安息)·조지(條枝)·대하(大夏)·신독(身毒) 등의 나라를 함께 기록했는데, 그는 수만 리 바깥의 나라에 대해서 커다란 관심을 가졌던 것 같다. 만약 그가 일본과 유럽의 존재를 알았더라면 백방으로 자료를 수집하여 몇 글자라도 기록했을 것이 틀림없다. 알고 있는 세계에 대해서 그 역사를 기술하는 것이 바로 사마천의 역사 세계이다. 이런 점에서는 헤로도토스가 알고 있는 세계에 대해 힘써 기술한 것과 매우 흡사하다.

정치사와 군사사는 자연히 중국 고대에도 출현했으며, 경제사·사회사 및 학술문화사의 범위로까지 확대되었다. 『사기』와 『한서』가 그 대표작이다.

사마천은 고금을 참작하여 새로운 사학 체례(體例) – 기전체(紀傳體)를 창안하여 본기(本紀)·세가(世家)·열전(列傳)·서(書)·표(表)를 사용해서 여러 유형으로 발생한 사건을 기록했으며,[36] 이것은 겸용병축

---

he know most. But he extended his examination in all directions, including in his book accounts of the area now known as Korea, the lands of south – east Asia, and those to the west and north of China. In other words, he seems to have taken care to describe, in as much as possible, all the lands outside the borders of China of which he had any reliable knowledge. The fact that he says nothing, for instance, of Japan in the east or Europe in the west, is almost certainly due not to a lack of interest but to a lack of information."

36 조익, 『이십이사차기(廿二史劄記)』 권1 「각사예목이동(各史例目異同)」 조(條)는 이러하다. "옛날 좌사는 말을 기록하고, 우사는 일을 기록하는데, 말은 『상서』이고 일은 『춘추』이다. 그 후에 편년과 기사 2종에 따랐다. 기사란 한 편에 한 가지 일을 기록하는 것으로 한 세대 전체를 총괄할 수 없다. 편이란 한 사람에 대해서는 각각 그 본말을 알수 없다. 사마천은 고금을 참작하여 범례를 만들어 전체 역사를 창조했다. 본기는 제

〔兼容並蓄, 여러 종류의 풍격을 모두 수용하고 받아들임〕의 사학 체례로 서양에서는 나타난 적이 없었다. 이러한 사학 체례를 통하여 인류의 전체 역사를 쓸 수 있었으며 만상(萬象)을 두루 갖추었다고 할 수 있다.[37] 예컨대 역사에 인물이 없을 수 없으니 본기와 세가와 열전은 모두 인물을 서술하고 있으나 상세함과 간략함이 다르며, 역사적 사실이 시간의 울타리에서 벗어날 수 없으니 표(表)는 전적으로 시간으로 사건을 연계시켰고, 역사상의 학술과 제도와 문물이 잇달아 출현하니 서(書)는 이들을 일일이 나누어 서술했다. 사마천은 또 높고 멀리 내다보는 혜안을 지녀 왕후장상을 기록하는 외에도 사회 속 형형색색의 인물들을 서술했으니, 유림(儒林)·순리(循吏)·혹리(酷吏)·유협(游俠)·영행(佞幸)·골계(滑稽)·일자(日者)·귀책(龜策)의 무리·화식(貨殖)의 부류 등을 모두 열전에 적어 넣었는데, 이것이 바로 의심할 여지 없는 전체 사회사이다. 사마천은 또한 국가 사회의 경제를 특히 중시하여 「화식열전(貨殖列傳)」을 써서 '천하의 사람들은 모두 이익을 위해 기꺼이 모여들고, 모두 이익을 위해 분분히 떠난다[天下熙

왕을 서술했고, 세가는 제후국을 기록했으며, 십표는 역사적 사실을 시기별로 계보화했고, 팔서는 제도를 상세히 기록했으며, 열전은 인물의 전기를 수록했다. 그런 후에 일대 군신간의 정사가 현명했는지 득실여부를 한 편 가운데 총괄했다. 이 체례가 정해지고부터 역대로 역사를 기록하는 사람은 그 범위를 벗어나지 않았으며, 신뢰할 수 있는 역사가들의 준칙이 되었다[古者左史記言, 右史記事, 言為『尚書』, 事為『春秋』. 其後沿為編年·記事二種. 記事者, 以一篇記一事, 而不能統貫一代之全. 編年者, 又不能即一人而各見其本末. 司馬遷參酌古今, 發凡起例, 創為全史. 本紀以序帝王, 世家以記侯國, 十表以繫時事, 八書以詳制度, 列傳以誌人物. 然後一代君臣政事, 賢否得失, 總彙於一編之中. 自此例一定, 歷代作史者, 遂能出其範圍, 信史家之極則也]."

37 장순휘(張舜徽)는 『사기』를 백과사전 식의 통사라 칭했다. 張舜徽, 『中國歷史要籍介紹』(湖北人民出版社, 1955) 제3장 참조.

熙, 皆爲利來, 天下壤壤, 皆爲利往)'고 분명히 밝혔으며, 또한「평준서(平準書)」를 써서 한나라 초엽부터 무제 시대까지 경제의 번영과 쇠락을 낱낱이 밝혔는데, 이는 또한『사기』가 지닌 경제사적 특색이기도 하다. 공자·맹자·순경·노자·장주·신불해·한비 등 학술 사상가들은 모두 그 학술 사상과 생애를 서술했다. 팔서(八書) 가운데「천관서(天官書)」와「역서(曆書)」는 천문과 산법을 논했으며,「하거서(河渠書)」는 수도와 지리를, 열전 중의「흉노(匈奴)」·「남월(南越)」·「동월(東越)」·「조선(朝鮮)」·「서남이(西南夷)」·「대완(大宛)」 등의 전(傳)은 국경 지역 다른 민족의 산천·지역·풍속·인물을 기재했는데, 이 또한『사기』가 학술 문화사를 특히 중시한 일례이다.『한서』는『사기』를 계승했으며, 삼라만상을 포괄하는 특색이 덜하지 않았다.「예문지」는 인류의 학술적 성취를 총괄한 학술사와 같고,「식화지(食貨志)」는 상고시대부터 서한 말엽까지의 경제사와 같으며,「천문지(天文志)」·「오행지(五行志)」는 역대 천체 현상과 인재(人災)의 역사와 같고,「지리지(地理志)」는 전국 각 지방의 호구·물산·풍속·민심의 역사와도 같다. 이렇게 말하면,『사기』와『한서』의 범위는 정치·군사에서부터 경제·사회와 학술 문화 등의 방면에까지 확대된다.

중국 고대 사학 저술의 범위가 이처럼 광활하며 그 내용은 다채롭고 성대하여 장관을 이룬다. 구체적이고 상세하며 풍부한 것이 중국 고대 사학 저술의 최대 특색이다.『한서』「지리지」를 예로 들면, 전국 각지의 호구 수를 일일이 기재했는데 세계 역사상 전례가 없는 선례를 남겼으며, 전국의 면적과 토지와 호구를 총괄하여 서술했다. "본래 진나라의 경사(京師)는 내사(內史)라고 했다. 천하를 36군(郡)으로 나누었다. 한나라가 세워진 후에 진(秦)나라의 군이 너무 커서 점차 새로이 개척하여 설치하고 또 제후국과 왕국을 세웠다. 무제(武帝) 때는 세 방향으로 변방을 넓혀서 고조 때보다 26군이 늘어났다. 문제(文帝)와 경제(景帝)가 각 6개 군, 무제가 28개 군, 소제(昭帝)가 1개 군을 더해 효제(孝帝)와 평제(平帝)에 이르렀다. 무릇 군국(郡國)이 103개, 현읍이 1,314개, 도가 32개, 후국이 241개이다. 땅은 동서로 9,302리요, 남북으로 13,368리이다. 논밭은 모두 합해서 145,136,405경[역주: 1頃은 100畝, 1畝는 666.67㎡, 약 200평]이다. 그 중에 102,528,889경은 사람의 거주지와 도로, 그리고 산천·산림·연못 등이어서 개간하지 못하고, 그 가운데 32,290,947경은 개간할 수 있는 것도 있고 개간할 수 없는 것도 있으며, 개간하기로 정한 논밭이 8,270,536경이다. 호구 수는 12,233,062가구에, 인구는 59,594,978명이다. 이 때 한나라 국력이 아주 흥성했다[本秦京師為內史, 分天下作三十六郡. 漢興, 以其郡大, 稍復開置, 又立諸侯王國. 武帝開廣三邊. 故自高祖增二十六, 文·景各六, 武帝二十八, 昭帝一, 訖於孝平, 凡郡國一百三, 縣邑千三百一十四, 道三十二, 侯國二百四十一. 地東西九千三百二里, 南北萬三千三百六十八里. 提封田一萬萬四千五百一十三萬六千四百五頃, 其一萬萬二百五十二萬八千八百八十九頃, 邑居道路, 山川林澤, 群不可墾, 其三千二百二十九萬九百四十七頃, 可墾不可墾, 定墾田八百二十七萬五百三十六頃. 民戶千二百二十三萬三千六十二,

口五千九百五十九萬四千九百七十八. 漢極盛矣]." 이것은 정말 구체적이고 상세하며 풍부한 기록이다. 시간의 확정은 특히나 중국 고대 사학 저술이 구체적이고 상세하며 풍부하다는 논거이다. 『춘추』는 사실을 해당 날짜에 기록하여 월별로 묶고 해당 연도별로 분류했다. 이러한 사건의 기록 방법은 역사적 사건을 완전히 확정된 시간의 체계 속에 넣었는데 많은 사건들이 모두 어느 날에 발생했는지 알수 있다. 예컨대 『춘추』는 노나라 희공(僖公) 22년에 발생한 사건을 이렇게 기록했다. "희공 22년 봄에, 희공이 주(邾)나라를 공격해 수구(須句)를 취했다. 여름, 송(宋)나라·위(衛)나라·허(許)나라, 그리고 등(滕)나라 군주들이 함께 정(鄭)나라를 공격했다. 가을 8월 정미일, 노나라는 승형(升陘)에서 주나라와 전쟁을 벌였다. 겨울 11월 초하루 기사일, 송 양공(襄公)이 초나라와 홍강(泓江)에서 전쟁을 벌였고, 송나라 군대가 대패했다[二十有二年, 春, 公伐邾, 取須句. 夏, 宋公·衛侯·許男·滕子伐鄭. 秋八月丁未, 及邾人戰於升陘. 冬十有一月己巳朔, 宋公及楚人戰於泓, 宋師敗績]." 『좌전』의 기록은 이러하다.

22년 봄, 희공(僖公)이 주(邾)나라를 쳐서 수구(須句)를 다시 찾아 수구의 군주가 돌아갈 수 있도록 해 주었는데 이는 예(禮)에 맞는 일이었다. 여름, 송 양공(襄公)이 정나라를 치자 자어(子魚)가 말했다. "내가 말했던 재앙은 여기에서 비롯되리라." 당초, 주(周) 평왕(平王)이 동쪽 낙양(洛陽)으로 옮겼을 때, 대부 신유(辛有)

가 이천(伊川)에 갔더니 머리를 풀어 헤치고 들판에서 제사를 지내는 사람을 보게 되어 신유는 이렇게 말했다. "백 년이 이르기 전에 이 땅은 융족(戎族)의 차지가 되려는가! 그보다 앞서 중국의 예(禮)가 먼저 없어지게 되리라." 가을, 진(秦)나라와 진(晉)나라가 육혼(陸渾)의 융을 이천으로 이주시켰다. 진(晉)나라 태자 어(圉)가 진(秦)나라에 인질로 있다가 장차 도망쳐 귀국하고자 부인 영씨(嬴氏)에게 말했다. "당신도 돌아가겠소?" 영씨가 대답했다. "당신은 진(晉)나라 태자이면서 진(秦)나라에서 곤욕을 치르고 있습니다. 당신이 돌아가려 하시는 것은 당연한 일이 아니겠습니까? 우리 임금께서 저로 하여금 수건과 빗을 들고 당신을 시중들게 하신 것은 당신을 붙들어 두기 위함입니다. 당신을 따라가는 것은 우리 임금의 명령을 저버리는 일이니 감히 따라갈 수는 없으나 그렇다고 감히 발설하지도 않겠습니다." 마침내 태자는 도망하여 귀국했다. 주(周)나라 대부 부진(富辰)이 양왕(襄王)에게 건의했다. "대숙(大叔)을 불러들이시길 청합니다. 『시』에 '이웃과 서로 화합하여 인척과 통하듯이 하라'고 했습니다. 그런데 자신의 형제와 화합하지 못하면서 어찌 제후들이 서로 화목하게 지내지 않는다고 탓할 수 있겠습니까?" 왕은 기뻐했다. 이리하여 왕자 대(帶)가 제(齊)나라로부터 경사(京師)로 돌아왔으니 이는 왕이 불러들였기 때문이다. 주(邾)나라가 수구(須句) 나라의 일로 노나라로 출병했다. 희공은 주나라를 깔보아 방비를 제대로 갖추지 않고 막으려 했다. 장문중(臧文仲)이 말했다. "나라는 크고 작음에 관계없이 얕잡아 보아선 안 됩니다. 방비가 없으면 비록 무리가 많다 해도 기댈 수 없습니다. 『시』에 '전전긍긍하니 마치 깊은 못가에 서 있듯이, 살얼음판을 걷듯이 하라'고 했습니다. 또 '조심하고 조심하라! 하늘은 밝은 눈을 가졌으니 천명은 얻기도 보존하기도 어렵다'라고 했습니다. 선왕의 밝은 덕은 어느 하나 두렵게 여기지 않을 것이 없습니다. 하물며 우리는 작은 나라이니 더 말할 나위가 있겠습니까? 임금께서는 주나라가 작다고 얕보시면 안 됩니다. 벌과 전갈 같은 것들도 독을 지니고 있는데 하물며 나라라면 더 말할 것이 있겠습니까?" 희공은 그의 말을 듣지 않았다. 8월 정미일, 공은 주나라와 승형(升陘)에서 싸웠으나 아군이 크게 패했다. 주나라가 희공의 투구를 얻어 이를 자신의 어문(魚門)에 걸어두었다. 초(楚)나라가 송(宋)나라를 쳐서 정(鄭)나라를 구했다. 송 양공(襄公)이 장차 싸움을 벌이려 하자 대사마(大司馬) 고(固)가 간언했다. "하늘이 상(商)나라를 버린 지 이미 오래되었습니다. 임금께서 다시 일으키려 해도 하늘이 용서치 않을 것입니다." 양공은 그 말을 듣지 않았다. 겨울 11월 기사날 초하루, 송 양공이 초나라와 홍수(泓水)에서 싸웠다. 그 때 송나라는 이미 전열을 가다듬어 전투태세를 갖추었으나 초나라는 강을 채 건너지 못하고 있었다. 사마(司馬)가 말했다. "저들은 수가 많고 우리는 적으니 저들이 아직 건너지 못하고 있을 때 공격하시길 청합니다." 그러자 양공이 말했다. "안 되오." 이윽고 초나라가 강을 다 건넜으나 아직 전열을 갖추지 못하고 있을 때 대사마가 다시 공격할 것을 청했다. 그러자 양공이 말했다. "아직 안 되오." 초나라 군사가 전열을 다 갖춘 다음 공격했으나 송나라는 으게 패하고 말았다. 양공은 넓적다리에 부상을 입었으며, 문을 지키던 호위병은 모두 섬멸당하고 말았다. 송나라 사람들은 모두 양공을 탓했다. 양공이 말했다. "군자는 부상당한 자를 거듭 공격하지 않고, 반백(半白)이 된 늙은이는 포로로 잡지 않는 법이오. 옛날에는 군인이 된 자는 적의 불리한 때를 틈타 이기려 들지 않았소. 과인이 비록 멸망한 나라의 후손이긴 하나 전열을 갖추지 않은 적을 향해 공격의 북을 울릴 수는 없었소." 자어(子魚)가 말했다. "임금께서는 전쟁에 대해 알지 못합니다. 강한 적이 불리한 조건에 전열도 갖추지 못했다는 것은 하늘이 우리를 돕는다는 뜻입니다. 그러니 적이 불리할 때 진격의 북을 치는 것이 옳지 않습니까? 그래도 오히려 우리가 이길 수 있을지 걱정이 되는 것입니다. 또한 지금 적은 강한 자들이며 모두가 우리의 적입니다. 때문에 대오를 갖추지 못한 것은 하늘이 우리를 도운 것입니다. 적이 곤란한 상황에 빠져 있을 때 공격을 하는 것이 왜 불가합니까? 그렇게 한다 해도 오히려 패할까 두려운 상대입니다. 또한 오늘날 강한 적은 모두 우리의 적입니다. 비록 팔구십 먹은 늙은이라 해도 잡을 수 있으면 잡아야 합니다. 그런데 어찌 반백을 구분하겠습니까? 군사들에게 부끄러움을 알게 하고 싸우는 법을 가르치는 것은 적을 죽이길 요구하기 때문입니다. 상대가 부상을 입어 아직 죽지 않았다고 어찌 거듭 공격을 하지 않을 수 있습니까? 만약 중상을 입은 자를 가엽게 여긴다면 그들이 상해를 입지 않도록 해야 하며, 반백이 된 자가 불쌍하다면 차라리 적에게 항복하는 편이 낫지요. 삼군(三軍)이란 유리한 방법을 활용하는 것이요, 징과 북을 치는 것은 사기가 오르도록 하기 위함입니다. 유리한 방법을 이용하여 싸우려면 적이 불리할 때 쳐야 합니다. 징과 북소리가 크게 울리면 투지가 오르게 마련이니 적이 어수선할 때 진격의 북을 치는 것이 옳습니다."

二十二年, 春, 伐邾, 取須句, 反其君焉, 禮也. 三月, 鄭伯如楚. 夏, 宋公伐鄭. 子魚曰: "所謂禍在此矣." 初, 平王之東遷也, 辛有適伊川, 見被髮而祭於野者, 曰: "不及百年, 此其戎乎? 其禮先亡矣." 秋, 秦·晉遷陸渾之戎於伊川. 晉太子圉為質於秦, 將逃歸, 謂嬴氏曰: "與子歸乎?" 對曰: "子晉太子, 而辱於秦. 子之欲歸, 不亦宜乎? 寡君之使婢子侍執巾櫛, 以固子也. 從子而歸, 棄君命也. 不敢從, 亦不敢言." 遂逃歸. 富辰言於王曰: "請召大叔. 詩曰: '協比其鄰, 昏姻孔云.' 吾兄弟之不協, 焉能怨諸侯之不睦?" 王說, 王子帶自齊復歸於京師, 王召之也. 邾人以須句故出師, 公卑邾, 不設備而禦之. 臧文仲曰: "國無小, 不可易也. 無備, 雖眾不可恃也. 詩曰: '戰戰兢兢, 如臨深淵, 如履薄冰.' 又曰: '敬之敬之, 天惟顯思, 命不易哉!' 先王之明德, 猶無不難也, 無不懼也, 況我小國乎! 君其無謂邾小, 蠭蠆有毒, 而況國乎!" 弗聽. 八月丁未, 公及邾師戰於升陘, 我師敗績. 邾人獲公冑, 縣諸魚門. 楚人伐宋以救鄭. 宋公將戰, 大司馬固諫曰: "天之棄商久矣, 君將興之, 弗可赦也已." 弗聽. 冬十一月己巳朔, 宋公及楚人戰於泓. 宋人既成列, 楚人未既濟. 司馬曰: "彼眾我寡, 及其未既濟也, 請擊之." 公曰: "不可." 既濟而未成列, 又以告. 公曰: "未可." 既陳而後擊之, 宋師敗績. 公傷股, 門官殲焉. 國人皆咎公.

公曰: "君子不重傷, 不禽二毛. 古之爲軍也, 不以阻隘也. 寡人雖
亡國之餘, 不鼓不成列." 子魚曰: "君未知戰. 勍敵之人, 隘而不
列, 天贊我也. 阻而鼓之, 不亦可乎? 猶有懼焉. 且今之勍者, 皆
吾敵也. 雖及胡耈, 獲則取之, 何有於二毛? 明恥敎戰, 求殺敵也,
傷未及死, 如何勿重? 若愛重傷, 則如勿傷. 愛其二毛, 則如服焉.
三軍以利用也, 金鼓以聲氣也. 利而用之, 阻隘可也. 聲盛致志,
鼓儳可也."[38]

『춘추』와 『좌전』을 나란히 놓고 살펴보면, 노나라와 주나라의 승
형(升陘) 전투와 송나라와 초나라의 홍강(泓江) 전투에 관한 기록은 구
체적이고 상세하며 풍부하다고 할 수 있다.

중국은 세계에서 시간관념이 가장 풍부한 민족이다. 그리스는 기
원전 7세기 이전에 아직 확실한 그리스 연대(Greek date)가 없었으며,
기원전 7세기 심지어 6세기에도 확실한 연대가 극히 드물었다.[39] 중
국은 기원전 841년부터 확실한 연대가 있었으며, 편년사 또한 이로부
터 시작되었다. 『사기』 「십이제후연표(十二諸侯年表)」는 주나라 공화
(共和) 원년(기원전 841년)부터 주나라 경왕(敬王) 43년(기원전 477년)까지
각 나라의 큰일을 해마다 기록했다. 이어서 「육국연표(六國年表)」는
주나라 원왕(元王) 원년(기원전 475년)부터 진(秦) 2세 3년(서기 207년)에

---

38 역주: 이 번역문은 林東錫교수가 譯註한 『春秋左傳』(동서문화사, 2013)에서 인용함.

39 Herbert Butterfield, *The Origins of History*, p. 130:
  "'There is no well - established Greek date before the seventh century', while for the
  seventh century itself, or even for the sixth, there are still only a few."

이르기까지 해마다 기록했다. 한나라 이후 각 정사의 본기는 해마다 심지어는 달마다 천하의 일을 기록했으니 더 이상 자세히 거론할 필요가 없다. 중국은 발생한 사건을 확실한 시간에 연계시켰으며, 역사가들은 또 일련의 서사예술(敍事藝術)을 발전시켰다.[40] 그리하여 중국 사학 저술은 구체적이고 상세하며 풍부한 사실들을 서술하여 마치 '자잘한 음식 상차림'처럼 보인다. "중국인은 방대한 분류 작업을 할 수 있었고 놀라운 백과사전을 편찬할 수 있었으며, 게다가 그들의 셀 수 없을 정도로 자잘한 음식 상차림 같은 지방사(地方史)를 편찬할 수 있었다. 그러나 그들은 우리가 말하는 '종합'의 경지에는 도달할 수 없었으며, 역사 해석의 예술을 발전시키지는 못했다."[41] 서양 역사가들의 험담이 쇄도하자 중국 사학 저술은 종합이 없고 해석이 없다는 악평을 얻게 되었다. 실제로 중국 사학 저술은 종합이 없는 것이 아니며 해석이 없는 것도 아니라, 다만 서양과 다를 뿐이다〔이에 대해서는 전문적으로 토론할 필요가 있다〕. 그 '자잘한 음식 상차림'과 같은 서술은 사학을 탄탄대로로 밀고 나갔다. '자잘한 음식 상차림'은 구체적이며 상세하고 풍부함의 또 다른 일면이다. 역사적으로 발생한 사건은 구체적이고 상세하며 풍부하게 기록해야지 그렇지 않으면 역사

40 杜維運, 『與西方史家論中國史學』, p. 90 - 100 참조.
41 Herbert Butterfield, History and Man's Attitude to the Past, in *Listener*, 21 September 1961:
"The Chinese could perform a prodigious work of classification, could compile amazing encyclopaedias, and could produce their countless local histories, with further ramification of detail; but they could not reach what we should call a synthesis and they did not develop the art of historical explanation."

라고 할 수도 없다. 구체적이고 상세하며 풍부함이 어찌 '자잘한 음식 상차림'으로 흐르지 않을 수 있겠는가? 새로운 인식을 가진 서양의 학자들은 역사적 사건에는 오직 독창성이 있을 뿐 보편성은 없으며, 역사는 개별 사실의 묘사라고 생각한다.[42] 이를 기준으로 말하면 '자잘한 음식 상차림'은 실제로 역사의 본색이다. 중국 고대 역사가들은 그 사학 저술 속에 대량의 '자잘한 음식 상차림' 같은 사실들을 남겨놓아 결국에는 그 저술의 지위를 영원히 흔들리지 않게 했다. 오늘날 신역사가들 중 어느 누가 새로운 사기를 저술하여 『사기』의 지위를 대체할 수 있단 말인가? 어느 누가 새로운 한서를 저술하여 『한서』의 지위를 대체할 수 있단 말인가? 신역사가들은 새로운 방법과 새로운 식견으로 중국 선진(先秦)과 서한(西漢)의 역사를 한층 깊게 이해할 수는 있으나 새로운 역사를 쓸 수도 옛 역사를 도태시킬 수도 없다. 몸젠(Theodor von Mommsen, 1817- 1903)의 『로마사』가 나오자 리비우스의 『로마사』는 거의 완전히 산산조각 나 버렸다. 이런 측면에서 비교하면 중국과 서양의 고대 사학의 차이와 우열이 사람들의 이목에 확연히 드러난다.

중국 고대 사학 저술은 내용이 구체적이고 상세하며 풍부한 한편 우아한 언사(言辭)와 경세(經世)의 문장을 상세히 기록한 것이 또 다른 특색이다. 예컨대 『좌전』에 기록된 진후(晉侯)가 여상(呂相)을 보내어 진(秦)나라와 절교하게 한 언사는 이러하다.

---

42 Windelband's point of view, in R. G. Collingwood, *The Idea of History*, p. 166.

옛날 우리 헌공(獻公)과 귀국 목공(穆公) 시절에는 서로 사이가 좋아 온 힘을 다하여 한마음이 되었고, 동맹을 맺고 혼인까지 했습니다. 그런데 하늘은 우리 진(晉)나라에 재앙을 내리시어 우리 문공(文公)께서는 제(齊)나라로 피해 가시고, 혜공(惠公)께서는 진(秦)나라로 몸을 피하셨으며, 불행히도 우리 헌공께서는 세상을 뜨셨습니다. 그때 귀국의 목공께서는 지난날의 좋은 관계를 잊지 않으시고 혜공을 우리나라로 들여보내시어 우리 진나라의 제사를 받들 수 있도록 군주로 세워 주셨습니다. 그러나 그 일이 좋은 결과를 낳지는 못하고 한(韓)에서의 전투가 있게 되었습니다. 그 뒤 귀국의 목공께서는 역시 이를 후회하시고 우리 문공을 도와 진(晉)나라로 들여보내 주셨으니 이는 목공의 훌륭한 공적이었습니다. 그리하여 우리 문공께서는 몸소 무장을 하시고 많은 산천을 넘고 건너며 험한 곳을 넘어 귀국의 동방에 있는 제후들을 정벌하시어, 우순(虞舜)·하우(夏禹)·상(商)·주(周)나라의 후손들이 모두 귀국 진(秦)나라를 찾아뵈도록 했으니 이는 역시 지난날의 은덕을 이미 갚은 셈입니다. 그 후 정(鄭)나라가 귀국의 강역을 침공했을 때 우리 문공께서는 제후들을 이끌고 귀국과 함께 정나라를 포위하셨습니다. 그때 귀국의 대부는 우리의 임금과 아무런 상의도 없이 제멋대로 정나라와 화친을 맺었던 것입니다. 제후들이 노하여 장차 목숨을 걸고 귀국을 치려 했지만 문공께서는 그 사태를 두려워하여 제후들을 타일러 안정시켰던 것입니다. 그리하여 귀국의 군사는 무사히 돌아가 아무 해가 없었으니 그것은 곧 우리가 서방의 귀국에 대하여 크게 공헌한 일이었습니다. 불행히도 우리 문공께서 세상을 뜨셨을 때 귀국의 목공께서는 조문도 하지 않고 돌아가신 우리 임금을 모멸했을 뿐만 아니라, 우리 양공(襄公)께서 아직 어리다고 업신여겨 우리의 효(殽) 땅에 마구 쳐들어와 우리의 호의를 크게 짓밟고 우리의 작은 읍성을 치고, 우리의 우방 활(滑)나라 비(費) 땅을 멸망시켰으며, 우리의 형제국 사람들을 이산시키고 우리의 동맹국들을 뒤흔들고 우리 국가를 엎어버렸습니다. 우리 양공께서는 지난날 귀국의 군자가 베푼 은혜를 잊지는 않으셨지만, 사직이 망하는 것을 두려워하셨기 때문에 어쩔 수 없이 효(殽) 땅에서 맞서 싸웠던 것입니다. 그럼에도 도리어 우리 양공께서는 귀국 목공에게 죄를 용서해 달라고 청했으나 목공께서는 듣지 않으시고 오히려 초나라와 한패가 되어 우리나라를 치려고 계략을 꾸몄습니다. 마침 하늘이 우리의 진심을 헤아려 초나라 성왕(成王)이 세상을 뜨게 되자 귀국의 목공은 그 때문에 우리를 마음대로 하지 못했던 것입니다. 귀국의 목공과 우리 양공이 세상을 떠나시고, 귀국의 강공(康公)과 우리의 영공(靈公)이 즉위하셨습니다. 강공(康公)은 바로 우리에게서 시집가신 분이 낳으셨건만 또 다시 우리 공실을 없애 버리고 우리 사직을 뒤엎겠노라 하셨습니다. 그리하여 우리나라에서 도망간 못된 모적(蟊賊)의 무리들을 이끌고 쳐들어와 우리의 국경을 휘저었습니다. 우리는 이 때문에 영호(令狐)에서 맞서 싸울 수밖에 없었던 것입니다. 강공은 싸움에 졌으면서도 오히려 마음을 고쳐먹지 않고 우리의 하곡(河曲) 땅에 들어와 우리의 속천(涑川)을 치고, 왕관(王官)에서 우리를 포로로 잡았으며 기마(羈馬)를 침탈했습니다. 그 때문에 하곡의 싸움이 있게 되었던 것입니다. 귀국이 동방으로의 길이 막히게 된 것은 바로 강공이 우리와의 우호 관계를 끊어 버렸기 때문입니다. 지금 그대께서 임금의 자리를 이어받자 우리 임금 경공(景公)께서는 목을 빼고 서쪽의 귀국을 바라보며 "부디 우리와 친하게 지냈으면 좋겠다"라고 말씀하셨습니다. 그러나 그대 역시 우리가 원하는 화친을 맺지 않은 채, 우리가 적(狄)과 싸우는 어려운 틈을 이용하여 우리의 하현(河縣) 땅으로 쳐들어와서는 기(箕)와 고(鄗) 두 고을을 불태우고, 우리가 애써 지은 곡물을 베어 가버렸으며 변방의 백성들을 학살했습니다. 우리는 어쩔 수 없이 보씨(輔氏)에 군사를 모아 응전했던 것입니다. 그러자 그대는 병화(兵禍)가 길어지는 것을 후회하시고, 지난날 우리 헌공과 귀국 목공 때의 우호 관계를 회복시키고자 백거(伯車)를 보내어 우리 경공(景公)에게 "나와 그대는 서로 사이좋게 이제까지의 미움을 버리고 다시 옛날의 우호 관계를 닦아 선군들께서 이룩하신 은덕을 추념합시다"라는 말씀을 전했습니다. 그러나 그러한 맹세가 맺어지기도 전에 우리 경공께서는 세상을 뜨셨습니다. 그래서 우리 임금께서는 영호에서 회담을 갖게 되었던 것입니다. 그러나 그대는 불길하게도 그 맹세를 저버리셨습니다. 백적(白狄)은 그대와 같은 지역에 살고 있어 귀국과는 원수이지만 우리와는 혼인 관계에 있습니다. 그런데 그대는 "나와 그대는 적을 치자"라고 명령을 내리셨습니다. 그래서 우리 임금께서는 감히 혼인 관계를 돌아보지 못한 채 그대의 위세가 두려워 귀국의 관리로부터 그 명령을 받아들이고 말았습니다. 그러나 그대께서는 적(狄)에게 두 마음을 가지고 그들에게 "진(晉)나라가 너희 나라를 칠 것이다"라고 하셨습니다. 그러나 그들은 겉으로는 그 말을 받아들이면서도 그대를 미워하고 있어 그 사실을 우리에게 알려주었습니다. 게다가 초나라도 그대의 신의 없음을 미워하여 그 사실을 우리에게 이렇게 일러줍니다. "진(秦)나라가 영호의 맹약을 배반하고 우리나라에 사람을 보내어 자신들과 맹약을 맺자고 하면서 말했습니다. 즉 호천(昊天)의 상제(上帝)와 자신들 진(秦)나라의 전대 세 임금, 그리고 초나라의 전대 세 왕의 영전에 '내 비록 진(晉)나라와 왕래는 하지만 오직 이익만이 목적이라고 했습니다.' 나는 진(秦)나라 임금의 부덕함을 미워하기에 당신에게 알려드리오니 그들의 한결같지 않음을 경계하시기 바랍니다." 다른 제후들도 모두 이 말을 듣고는 마음이 아프고 머리가 괴로워 저와 친하게 되었습니다. 나는 제후들을 거느리고 당신의 명령을 들을 터이지만 오직 우호 관계를 바랄 따름입니다. 당신께서 만약 제후들을 어여삐 여기시고 저를 가엾게 여기시어 화친의 맹약을 맺자고 하신다면 그것이야말로 제가 바라는 바입니다. 그러면 이를 받아들여 제후들을 안심시키고 물러나도록 하겠습니다. 내 어찌 감히 병란(兵亂)이 있기를 바라겠습니까? 당신께서 만약 큰 은혜를 베풀지 않으신다면 나는 어리석다 해도 제후들을 물러나게 할 수는 없습니다. 내 감히 이와 같은 사정을 그대의 집사(執事)에게 다 털어놓았으니 집사로 하여금 진실한 이로움을 헤아리도록 하십시오.

昔逮我獻公及穆公相好, 勠力同心, 申之以盟誓, 重之以昏姻, 天禍晉國, 文公如齊, 惠公如秦. 無祿, 獻公即世. 穆公不忘舊德, 俾我惠公用能奉祀於晉. 又不能成大勳, 而爲韓之師. 亦悔於厥心, 用集我文公, 是穆之成也. 文公躬擐甲冑, 跋履山川, 逾越險阻, 征東之諸侯, 虞夏商周之胤, 而朝諸秦, 則亦既報舊德矣, 鄭人怒君之疆場, 我文公帥諸侯及秦圍鄭, 秦大夫不詢於我寡君, 擅及鄭盟, 諸侯疾之, 將致命於秦, 文公恐懼, 綏靜諸侯, 秦師克還無害, 則是我有大造於西也. 無祿, 文公即世, 穆爲不弔, 蔑死我君, 寡我襄公, 迭我殽地, 奸絕我好, 伐我保城. 殄滅我費滑, 散離我兄弟, 撓亂我同盟, 傾覆我國家. 我襄公未忘君之舊勳, 而懼社稷之隕, 是以有殽之師. 猶願赦罪於穆公, 穆公弗聽, 而即楚謀我. 天誘其衷, 成王隕命, 穆公是以不克逞志於我. 穆·襄即世, 康·靈即位, 康公, 我之自出, 又欲闕翦我公室, 傾覆我社稷, 帥我蝥賊, 以來蕩搖我邊疆, 我是以有令狐之役. 康猶不悛, 入我河曲, 伐我涑川, 俘我王官, 翦我羈馬, 我是以有河曲之戰. 東道之不通, 則是康公絕我好也. 及君之嗣也, 我君景公引領西望曰:"庶撫我乎?"君亦不惠稱盟, 利吾有狄難, 入我河縣, 焚我箕郜, 芟·夷我農功, 虔劉我邊垂, 我是以有輔氏之聚. 君亦悔禍之延, 而欲徼福於先君獻穆, 使伯車來命我景公曰:"吾與女同好棄惡, 復修舊德, 以追念前勳." 言誓未就, 景公即世, 我寡君是以有令狐之會. 君又不祥, 背棄盟誓. 白狄及君同州, 君之仇讎, 而我昏姻也. 君來賜命曰:"吾與女伐狄." 寡君不敢顧昏姻. 畏君之威, 而受命於吏. 君有二心於狄, 曰:"晉將伐女." 狄應且憎, 是用

告我. 楚人惡君之二三其德也, 亦来告我, 曰: "秦背令狐之盟, 而
來求盟於我, 昭告昊天上帝·秦三公·楚三王曰: '余雖與晉出入,
余唯利是視.' 不穀惡其無成德, 是用宣之, 以懲不壹." 諸侯備聞
此言, 斯是用痛心疾首, 暱就寡人. 寡人帥以聽命, 唯好是求. 君
若惠顧諸侯, 矜哀寡人, 而賜之盟, 則寡人之願也, 其承寧諸侯以
退, 豈敢徼亂? 君若不施大惠, 寡人不佞, 其不能以諸侯退矣. 敢
盡布之執事, 俾執事實圖利之.[43]

위의 문장은 우아하기 이를 데 없는 언사(言辭)이면서 한 편의 진
진(秦晉) 관계사이기도 하다. 이러한 언사는 『좌전』 가운데 곳곳에
널려 있다. 『사기』와 『한서』에 이르러서는 더 확장되어 내용이 풍
부하고 문사(文辭)가 찬란한 경세 문장이 두루 기재되어 있다. 그 문
장들은 예컨대 굴원(屈原)의 「회사부(懷沙賦)」, 이사(李斯)의 「간축객
서(諫逐客書)」, 조착(鼂錯)의 「언병사소(言兵事疏)」·「중농귀속소(重農
貴粟疏)」·「모민사새하소(募民徙塞下疏)」, 가의(賈誼)의 「붕조부(鵬鳥
賦)」·「조굴원부(弔屈原賦)」·「과진론(過秦論)」·「치안책(治安策)」, 동
중서(董仲舒)의 「현량대책(賢良對策)」, 사마상여(司馬相如)의 「자허부
(子虛賦)」·「유파촉격(諭巴蜀檄)」·「대인부(大人賦)」, 사마천의 「보임
안서(報任安書)」, 양웅(揚雄)의 「반이소(反離騷)」·「감천부(甘泉賦)」·
「하동부(河東賦)」·「교렵부(校獵賦)」·「장양부(長楊賦)」·「해조(解

---

43 『좌전』 성공 13년. 역주: 이 번역문은 林東錫교수가 譯註한 『春秋左傳』(동서문화사,
2013)에서 인용함.

嘲)」·「해난(解難)」 등으로 오랜 세월 동안 낭송되어지지 않는 문장은 하나도 없으며 내용은 대부분 경세제민과 연관되는데, 순문학의 자태로 나타나며 풍자의 뜻도 가미되어 있어서 만약에 '문장은 경국의 대업이요, 불후의 성대한 일[文章經國之大業, 不朽之盛事]'[44]이라는 관념으로 평가한다면 이러한 것들은 모두 경세의 문장임에 틀림없다[일반적으로 조(詔), 령(令), 주(奏), 소(疏)가 특히 많다]. 경세의 문장이 사학 저술 속에 남겨진 것은 인류의 문화유산을 보존하는 것과 같으며, 경세지략(經世之略)과 정신을 상쾌하게 하는 문장은 인류의 총명과 지혜의 산물로서 하나하나가 모두 청사(靑史)에 길이 이름을 남겼다. 사학의 경지가 이런 정도에 이르니 마땅히 대서특필의 가치가 충분하다.

격렬한 전쟁의 묘사 또한 중국 고대 사학 저술의 중요한 내용 가운데 하나이다. 예컨대 『좌전』에서 묘사한 제(齊)나라의 안(鞍) 지방에서 일어난 제나라와 진(晉)나라의 전쟁은 이러하다.

이에 극극(郤克)이 중군(中軍)을 거느리고, 사섭(士燮)이 상군(上軍)을 보좌하며, 난서(欒書)가 하군(下軍)을 거느리고, 한궐(韓厥)이 사마(司馬)가 되어 노(魯)나라와 위(衛)나라를 구원하러 나섰다. 노나라에 돌아와 있던 장선숙(臧宣叔)이 진(晉)의 군사를 맞이하여 안내했으며, 계문자(季文子)는 군사를 이끌고 그들과 합류

---

44 조비(曹丕), 「전론논문(典論論文)」, 출처 『소명문선(昭明文選)』.

했다. 위나라 땅에 이르러 한헌자(韓獻子)가 군율을 어긴 병사를 죽이려 하자 극헌자(郤獻子)가 말을 달려 구하려 했으나 도착했을 때는 이미 그를 죽인 뒤였다. 극헌자는 급히 이를 군중(軍中)에 알리도록 하면서 자신의 마부에게 이렇게 말했다. "내 한헌자에게 쏟아질 비방을 분담하고자 한 것이었다." 그리고 물러나던 제(齊)나라 군사들 뒤를 밟아 신(莘) 땅으로 갔다. 6월 임신(壬申)일, 이들의 군사는 미계산(靡笄山) 기슭에 이르렀다. 그러자 제(齊) 경공(景公)이 사람을 보내어 전투를 청하며 이렇게 말을 전하도록 했다. "그대들이 임금의 군사를 이끌고 우리 땅에 오는 수고를 했으니 보잘 것 없는 우리 군사들이지만 내일 아침 일찍 만나 보기로 합시다." 극극은 이렇게 대답했다. "우리 진나라는 노나라, 위나라와 형제 사이입니다. 그런데 그 두 나라가 사람을 보내어 '큰 나라가 아침저녁으로 우리 땅에 대한 원한을 풀겠다고 저렇게 날뛰고 있습니다.'라고 하기에 우리 임금께서 참다못해 여러 신하들로 하여금 그대 대국에게 청하되 많은 군사들을 그대 땅에 오래 머물러 있지 말고 속히 돌아오도록 명하셨습니다. 저희는 앞으로 나아갈 줄만 알지 뒤로 물러날 줄은 모릅니다. 그러니 그대께서 내린 명령에 욕됨이 없도록 하겠습니다." 제 경공이 말했다. "대부께서 허락해 준다니 이는 내가 바라던 바입니다. 만약 허락하지 않는다고 해도 역시 장차 맞붙어 볼 참이었소." 제나라의 고고(高固)가 진나라 군진으로 돌입하여 돌을 들어 진나라 사람에게 던져서 쓰러뜨리고는 그를 사로잡아 자신의 전차에 끌어 올리더니 뽕나무 뿌리에 매달아 제나라 군사의 보루를 돌아다니며 이렇게 말했다. "용기를 떨치고 싶은 자는 나에게 남아 있는 용기를 사거라!" 계유(癸酉)일, 양쪽 군사들은 안(鞍) 땅에 진을 쳤다. 그때 대부 병하(邴夏)가 제 경공의 수레를 몰고 봉축보(逢丑父)가 그 오른쪽을 맡았으며, 진나라 편에서는 해장(解張)이 극극의 수레를 몰고 정구완(鄭丘緩)이 그 오른쪽을 맡았다. 제 경공이 말했다. "나는 잠시 이들을 전멸시키고 나서 아침 식사를 하겠노라." 그는 말에 갑옷을 입히지도 않은 채 진나라의 군을 향해 달려들었다. 극극은 화살에 상처를 입고 피가 신발에까지 흘러내렸지만 북소리를 멈추지 않으면서 이렇게 말했다. "내가 부상을 당하여 몹시 고통스럽구나!" 그러자 장후(張侯, 解張)가 이렇게 말했다. "싸움이 시작되자마자 적의 화살이 내 손을 관통하여 그 끝이 팔꿈치까지 닿았습니다. 나는 그 화살을 분질러 끊어내고 수레를 몰았습니다. 피가 수레의 왼쪽 바퀴까지 검붉게 물들었지만 어찌 감히 고통스럽다고 말할 수 있겠습니까? 그러니 그대도 참아 주시오!" 그러자 정구완이 말했다. "저는 싸움이 시작되고부터 길이 험하면 반드시 수레에서 내려 밀었습니다. 그대가 어찌 그걸 아시겠습니까? 그렇기는 하나 그대는 괴롭기는 하겠군요!" 다시 장후가 말했다. "지금 우리 군사들의 이목(耳目)은 모두 우리의 깃발과 북소리에 쏠려 있기 때문에 나아가고 물러남에 이를 따르고 있습니다. 이 수레에 탄 장수 한 사람이 동요를 진정시킨다면 싸움에 이길 수 있습니다. 이와 같거늘 어떻게 괴롭다고 해서 임금의 대사(大事)인 이 싸움을 그르치게 할 수 있겠습니까? 갑옷을 갖춰 입고 무기를 손에 쥐고 출정하는 것은 진실로 죽음을 각오한 것입니다. 괴로움이 아직 죽음에 이르지 않았으니 그대는 힘을 내십시오!" 그리고 장후는 왼손으로 말고삐를 모아 쥐고 오른손으로 북채를 잡아 북을 울렸다. 말을 내달리던 속도를 멈출 줄 몰랐고 군사들은 모두 그 뒤를 따랐다. 이리하여 제나라 군사들을 크게 패배시킬 수 있었다.

郤克將中軍, 士燮佐上軍, 欒書將下軍, 韓厥爲司馬, 以救魯‧衛. 臧宣叔逆晉師, 且道之, 季文子帥師會之. 及衛地, 韓獻子將斬人, 郤獻子馳, 將救之, 至則旣斬之矣. 郤子使速以徇, 告其僕曰: "吾以分謗也." 師從齊師於莘. 六月, 壬申, 師至於靡笄之下. 齊侯使請戰, 曰: "子以君師辱於敝邑, 不腆敝賦, 詰朝請見." 對曰: "晉與魯‧衛, 兄弟也, 來告曰: '大國朝夕釋憾於敝邑之地.' 寡君不忍, 使群臣請於大國, 無令輿師淹於君地. 能進不能退, 君無所辱命." 齊侯曰: "大夫之許, 寡人之願也. 若其不許, 亦將見也." 齊高固入晉師, 桀石以投人, 禽之而乘其車, 繫桑本焉, 以徇齊壘, 曰: "欲勇者, 賈余餘勇!" 癸酉, 師陳於鞌. 邴夏御齊侯, 逢丑父爲右, 晉解張御郤克, 鄭丘緩爲右. 齊侯曰: "余姑翦滅此而朝食." 不介馬而馳之. 郤克傷於矢, 流血及屨, 未絕鼓音, 曰: "余病矣!" 張侯曰: "自始合, 而矢貫余手及肘, 余折以御, 左輪朱殷, 豈敢言病? 吾子忍之!" 緩曰: "自始合, 苟有險, 余必下推車, 子豈識之? 然子病矣!" 張侯曰: "師之耳目, 在吾旗鼓, 進退從之, 此車一人殿之, 可以集事. 若之何其以病, 敗君之大事也. 擐甲執兵, 固即死也. 病未及死, 吾子勉之." 左并轡, 右援枹

而鼓. 馬逸不能止, 師從之. 齊師敗績.[45]

『사기』에서 묘사한 항우(項羽)가 거록(鉅鹿)을 구한 상황은 이러하다.

　　항우가 경자관군(卿子冠軍) 송의(宋義)를 죽인 후, 그의 위엄이 온 초나라를 진동시키고 명성은 제후들에게까지 전해졌다. 이에 당양군(當陽君)과 포장군(蒲將軍)으로 하여금 병사 2만을 이끌고 장하(漳河)를 건너서 거록을 구원하게 했으나 싸움에 큰 성과를 거두지 못했는데, 진여가 또 구원병을 요청했다. 이에 항우가 군사를 이끌고 장하를 건너 배를 모두 가라앉히고, 솥과 시루 등의 취사도구를 깨뜨리고 막사를 불사른 뒤 3일분의 군량만을 휴대함으로써 사졸들에게 필사적으로 싸울 것이며 추호도 살아 돌아올 마음이 없다는 것을 나타냈다. 그리하여 거록에 도착하자마자 왕리(王離)를 포위하고 진(秦)의 군사와 수차례 접전해 그들의 용도(甬道)를 끊어서 크게 무찔렀으며, 소각(蘇角)을 죽이고 왕리를 포로로 잡았다. 섭간(涉閒)은 초나라에 투항하지 않고 분신자살했다. 이때 초군은 제후군 가운데 으뜸이었으니, 거록(鉅鹿)을 구하고자 달려온 제후군이 10여 진영이었으나 감히 함부로 군대를 움직이지 못하고, 초군이 진군을 공격할 때에도 여러 장수들은 모두 자신의 진영에서 관전만 하고 있을 뿐이었다. 초나라

---

45 『좌전』 성공(成公) 2년.

군사는 전원이 모두 다 한 명이 열 명을 대적할 정도로 용맹스러 웠으며, 초군의 고함소리가 하늘을 진동시키니 제후군들은 두려 워하지 않는 이가 없었다. 진군을 무찌르고 난 후, 항우가 제후군 의 장수들을 불러 원문(轅門)에 들게 하자 모두 다 무릎걸음으로 나오며 감히 고개를 들어 쳐다보지 못했다.

項羽已殺卿子冠軍, 威震楚國, 名聞諸侯. 乃遣當陽君·蒲將 軍將卒二萬渡河, 救鉅鹿. 戰少利, 陳餘復請兵. 項羽乃悉引兵渡 河, 皆沈船, 破釜甑, 燒廬舍, 持三日糧, 以示士卒必死, 無一還 心. 於是至則圍王離, 與秦軍遇, 九戰, 絶其甬道, 大破之, 殺蘇 角, 虜王離. 涉閒不降楚, 自燒殺. 當是時, 楚兵冠諸侯. 諸侯軍救 鉅鹿下者十餘壁, 莫敢縱兵. 及楚擊秦, 諸將皆從壁上觀. 楚戰士 無不一以當十, 楚兵呼聲動天, 諸侯軍無不人人惴恐. 於是已破 秦軍, 項羽召見諸侯將, 入轅門, 無不膝行而前, 莫敢仰視.[46]

해하(垓下)의 전투는 이렇게 묘사했다.

항우는 해하(垓下)에 진지를 구축하고 주둔했는데, 군사는 적 고 군량은 다 떨어진 데다 한나라 군대와 제후들의 군대가 여러 겹으로 포위했다. 밤에 한나라 군대가 사방에서 모두 초나라 노 래를 부르니 항우가 크게 놀라서 말했다. "한나라 군대가 이미 초나라를 얻었단 말인가? 어찌 초나라 사람이 이렇게 많은가?"

---

46 『사기』「항우본기」.

항우는 밤에 일어나 막사 안에서 술을 마셨다. 항우에게는 우(虞)라는 미인이 있었는데, 총애하여 늘 데리고 다녔다. 그리고 추(騅)라는 준마가 있었는데 늘 타고 다녔다. 이에 항우는 비분강개하여 직접 시를 지어 노래로 읊었다. "힘은 산을 뽑을 수 있고 기개는 세상을 덮을 만한데, 때가 불리하여 추(騅)가 나아가지 않는구나. 추(騅)가 나가지 않으니 어찌해야 하는가. 우여 우여, 그대를 어찌해야 하는가!" 여러 번 노래 부르니 우미인도 따라 불렀다. 항우가 울어 몇 줄기 눈물이 흘러내리니 좌우에 있던 사람들이 모두 울며 고개를 들어 쳐다보지를 못했다. 항우가 말에 올라타니, 말을 타고 따르는 휘하 장사(壯士)가 팔백여 명이었다. 그날 밤 포위를 뚫고 남쪽으로 나가 말을 급히 몰았다. 날이 밝자 한나라 군대는 비로소 이 사실을 알고 기병장 관영에게 오천 기병을 이끌고 그를 쫓게 했다. 항우가 회수(淮水)를 건너니 그를 따라온 기병이 백여 명뿐이었다. 항우가 음릉(陰陵)에 이르러 길을 잃은 탓에 한 농부에게 물으니 농부가 속여서 말했다. "왼쪽입니다." 이에 왼쪽 길로 가다가 큰 늪에 빠지게 되었다. 이 때문에 한나라 군대가 그를 바짝 뒤쫓아 왔다. 항우가 다시 군대를 이끌고서 동쪽으로 가서 동성(東城)에 이르렀는데, 겨우 기병 스물여덟 명만이 남아 있었다. 추격하는 한나라 군대의 기병은 수천 명이었다. 마침내 항우가 벗어날 수 없음을 깨닫고는 기병들에게 말했다. "군대를 일으킨 이래 지금까지 여덟 해 동안 직접 칠십여 차례나 싸우면서 맞선 자는 쳐부수고 공격한 자는 굴복시켜 이제껏 패배한 적이 없었기에 드디어 천하의 패권을 차지했다. 그러나 지금 결국 이곳에서 곤경에 처했으니 이는 하늘이 나를 망하게 하려는 것이지 내가 싸움을 잘하지 못한 탓이 아니다. 오늘 죽기를 굳게 다짐하고 그대들을 위해 통쾌하게 싸워 기필코 세 차례 승리하고, 그대들을 위해 포위를 뚫으면서 적장을 베어 죽이고 적군의 깃발을 뽑아 버림으로써 그대들에게 하늘이 나를 망하게 하는 것이지 싸움을 잘못한 죄가 아니라는 것을 알리고자 한다." 그리고는 기병들을 넷으로 나누어 사방으로 향하게 했다. 한나라 군대가 그를 겹겹이 포위하자 항우가 그의 기병에게 말했다. "내가 그대들을 위해 저 장수를 베리라." 그리고는 사방의 기병들에게 말을 급히 달려 내려가도록 하고 산 동쪽 세 곳으로 나누어졌다가 만나기로 약조했다. 항우가 크게 소리치며 아래로 말을 달려가니, 한나라 군대는 뿔뿔이 흩어져 도주했고, 마침내 한나라 장수 한 명을 베었다. 이 때 적천후(赤泉侯)가 기병장으로 항우를 추격하고 있었는데, 항우가 눈을 부릅뜨고 꾸짖으니 적천후 자신과 말이 모두 놀라 몇 리 밖으로 달아나 버렸다. 항우는 산의 동쪽 세 곳에서 그의 기병들과 만났다. 한나라 군대는 항우가 있는 곳을 알지 못해 군대를 셋으로 나누어 다시 포위했다. 항우가 즉시 말을 달려 다시 한나라 도위(都尉) 한 명을 베고 백여 명을 죽인 후에 다시 기병들을 모으니 그의 기병은 단지 두 명이 죽었을 뿐이었다. 이에 그의 기병들에게 물었다. "어떠한가?" 기병들이 모두 엎드려 말했다. "대왕의 말씀과 똑같습니다." 이때 항우는 동쪽으로 가서 오강(烏江)을 건너려고 했다. 오강의 정장(亭長)이 배를 강 언덕에 대고 기다리다가 항우에게 말했다. "강동은 비록 좁지만 땅이 사방 천 리이며 백성들 수가 몇십만이니 왕 노릇하기에 충분합니다. 대왕께서는 서둘러 강을 건너십시오. 지금 오직 저에게만 배가 있어 한나라 군대가 도착해도 건널 수 없습니다." 그러자 항우가 웃으며 "하늘이 나를 망하게 하는데 내가 무엇 때문에 강을 건너겠는가! 나 항적(項籍)이 강동의 젊은이 팔천 명과 함께 강을 건너 서쪽으로 갔는데, 지금 한 사람도 돌아오지 못했거늘 설사 강동의 부모와 형제들이 나를 불쌍히 여겨 왕으로 삼아 준다 해도 내가 무슨 면목으로 그들을 보겠는가? 설령 그들이 말하지 않는다 해도 나 자신이 마음에 부끄러움이 있지 않겠는가?" 그리고는 정장에게 말했다. "나는 그대가 장자(長者)임을 알겠다. 내가 이 말을 탄 지 다섯 해째인데, 맞설 만한 적이 없으며 하루에도 천 리를 달려 차마 이 말을 죽일 수 없으니 그대에게 주노라." 그러고는 기병들에게 모두 말에서 내려 걷게 하고 자신은 짧은 무기만을 들고 싸움을 벌였다. 항우 혼자서 죽인 한나라 군대가 수백 명이었다. 항우의 몸 또한 십여 군데 부상을 입었다. 항우는 한나라의 기사마(騎司馬) 여마동(呂馬童)을 돌아보며 말했다. "너는 내 옛 부하가 아니었더냐?" 여마동이 왕예(王翳)에게 항우를 가리키며 말했다. "이 사람이 항왕(項王)입니다." 그러자 항우가 말했다. "내가 듣건대 한나라가 내 머리를 천금과 일만 호의 읍으로 사려고 한다고 하니 내 그대를 위해 덕을 베풀겠다." 이에 스스로 목을 찔러 죽었다. 왕예가 그 머리를 취하고, 나머지 기병들이 서로 짓밟으며 항우의 몸뚱이를 차지하려 싸우다가 서로 죽인 자가 수십 명이었다.

項王軍壁垓下, 兵少食盡, 漢軍及諸侯兵圍之數重. 夜聞漢軍四面皆楚歌, 項王乃大驚曰: "漢皆已得楚乎? 是何楚人之多也!" 項王則夜起, 飲帳中. 有美人名虞, 常幸從; 駿馬名騅, 常騎之. 於是項王乃悲歌慷慨, 自為詩曰: "力拔山兮氣蓋世, 時不利兮騅不逝. 騅不逝兮可奈何, 虞兮虞兮奈若何!" 歌數闋, 美人和之. 項王泣數行下, 左右皆泣, 莫能仰視. 於是項王乃上馬騎, 麾下壯士騎從者八百餘人, 直夜潰圍南出, 馳走. 平明, 漢軍乃覺之, 令騎將灌嬰以五千騎追之. 項王渡淮, 騎能屬者百餘人耳. 項王至陰陵, 迷失道, 問一田父, 田父紿曰: "左". 左, 乃陷大澤中. 以故漢追及之. 項王乃復引兵而東, 至東城, 乃有二十八騎. 漢騎追者數千人. 項王自度不得脫. 謂其騎曰: "吾起兵至今八歲矣, 身七十餘戰, 所當者破, 所擊者服, 未嘗敗北, 遂霸有天下. 然今卒困於此, 此天之亡我, 非戰之罪也. 今日固決死, 願為諸君快戰, 必三勝之, 為諸君潰圍, 斬將, 刈旗, 令諸君知天亡我, 非戰之罪也." 乃分其騎以為四隊, 四嚮. 漢軍圍之數重. 項王謂其騎曰: "吾為公取彼一將." 令四面騎馳下, 期山東為三處. 於是項王大呼馳下, 漢軍皆披靡, 遂斬漢一將. 是時赤泉侯為騎將, 追項王, 項王瞋目而叱之, 赤泉侯人馬俱驚, 辟易數里. 與其騎會為三處. 漢軍不知項王所在, 乃分軍為三, 復圍之. 項王乃馳, 復斬漢一都尉, 殺數十百人, 復聚其騎, 亡其兩騎耳. 乃謂其騎曰: "何如?" 騎皆伏曰: "如大王言." 於是項王乃欲東渡烏江. 烏江亭長艤船待, 謂項王曰: "江東雖小, 地方千里, 眾數十萬人, 亦足王也. 願大王急渡. 今獨臣有船, 漢軍至, 無以渡." 項王笑曰: "天之亡我,我何渡為! 且籍與江東子弟八千人渡江而西, 今無一人還, 縱江東父兄憐而王我, 我何面目見之? 縱彼不言, 籍獨不愧於心乎?" 乃謂亭長曰: "吾知公長者. 吾騎此馬五歲, 所當無敵, 嘗一日行千里, 不忍殺之, 以賜公." 乃令騎皆下馬步行, 持短兵接戰. 獨籍所殺漢軍數百人. 項王身亦被十餘創. 顧見漢騎司馬呂馬童, 曰: "若非吾故人乎?" 馬童面之, 指王翳曰: "此項王也." 項王乃曰: "吾聞漢購我頭千金, 邑萬戶, 吾為若德." 乃自刎而死. 王翳取其頭, 餘騎相蹂踐爭項王, 相殺者數十人.[47]

위의 문장은 폴리비우스의 필치로 묘사한 카르타고와 로마의 전쟁과 정말로 작품은 다르지만 똑같이 뛰어난 깊이를 간직하고 있다. 역사가 능히 인세에 풍미할 수 있는 데는 이런 점이 분명 매우 중요한 관건이다. 분석의 역사가 출현하자 모든 스토리는 퇴색되었으며, 역사가 이로 인해 사람들을 잃은 것은 아닐까? 이것이 바로 신사학(新史學)이 검토해 볼 만한 점이다.

전쟁을 묘사하는 것 외에 종종 각종 현상을 총괄해서 서술하는 것은 중국 고대 사학 저술의 가장 뛰어난 내용이다:

한나라가 흥기하면서 진(秦) 왕조의 피폐함을 이어받았으므로 장년 남성들은 군대에 입대하여 전쟁을 치르고 늙은이와 어린아이는 군량을 운반했다. 작업은 힘겨웠고 물자는 대단히 부

---

47 Ibid.

족했다. 천자마저도 말 네 마리가 끄는 수레를 갖출 수 없었고, 장군이나 재상도 소가 끄는 수레를 타고 다닐 수 없었으며, 일반 백성들은 저축할 것이 아무 것도 없었다. …… 지금의 황상[한 무제를 지칭]이 자리에 오른 지 몇 년이 지나고 한나라가 일어난 지 칠십여 년이 되도록 국가에는 큰 일이 없었으며, 수해나 가뭄 같은 재해도 생기지 않았고 백성들마다 자급자족이 가능했다. 도시나 촌락의 미곡 창고는 모두 가득 찼으며, 조정 창고에도 재물과 보화가 남아돌았다. 경사(京師)의 금고에는 억만금이 쌓여 있었는데 돈을 묶은 돈꿰미가 썩어 셀 수도 없었다. 태창(太倉)[한대 수도의 곡식 창고]에는 묵은 곡식이 계속 쌓여 가득 넘쳐나 태창 밖 길가에 쌓아 놓았는데 썩어서 먹을 수 없을 지경에 이르렀다. 서민이 사는 거리에서도 사람들은 말을 탔으며, 논밭 사이의 길에서는 무리를 지었다.

漢興, 接秦之弊, 丈夫從軍旅, 老弱轉糧饟, 作業劇而財匱, 自天子不能具鈞駟, 而將相或乘牛車, 齊民無藏蓋. …… 至今上(指漢武帝)即位數歲, 漢興七十餘年之間, 國家無事, 非遇水旱之災, 民則人給家足, 都鄙廩庾皆滿, 而府庫餘貨財. 京師之錢累巨萬, 貫朽而不可校. 太倉之粟, 陳陳相因, 充溢露積於外, 至腐敗不可食. 眾庶街巷有馬, 阡陌之間成群.[48]

위의 글은 한나라 초기 천하의 빈곤과 한 무제 즉위 몇 년 후 천하

48 『사기』 「평준서(平準書)」.

가 부유해진 것을 총괄해서 서술한 것이다.

　　은나라 이전의 역사는 오래되었다. 주나라의 봉작(封爵)에는
공(公)·후(侯)·백(伯)·자(子)·남(男)의 다섯 등급이 있었다. 그래서
백금(伯禽)을 노나라에 봉하고, 강숙(康叔)을 위나라에 봉했는데,
그들의 봉지는 4백 리였다. 이는 친척을 가까이하는 마음을 표
시한 것이며, 공덕이 있는 이를 포상한 것이다. 태공(太公)을 제나
라에 봉하고, 다섯 제후의 땅을 관리하게 한 것은 그의 공로를 존
중한 것이다. 주나라의 무왕(武王)·성왕(成王)·강왕(康王) 때 분봉
받은 제후는 수백 명이었고, 그 중 왕실과 같은 성으로 제후가 된
자는 55명이었다. 그들의 봉지는 큰 것도 백리를 넘지 않았고, 작
아도 30리 이하는 아니었다. 이들은 왕실을 보좌하는 역할을 했
다. 후세에 와서 관(管)·채(蔡)·강숙(康叔)·조(曹)·정(鄭) 등 제후의
봉지 중에 어떤 것은 규정보다 큰 것도 있고, 어떤 것은 작은 것
도 있었다. 여왕(厲王)·유왕(幽王) 이후에는 왕실이 이지러지고,
후(侯)와 백(伯) 중에 강국이 일어났다. 그러나 천자는 힘이 약해
그들을 다스릴 힘이 없었다. 이것은 결코 주 왕실이 덕이 없거나
돈독하지 못해서가 아니라, 힘이 이미 쇠약해졌기 때문이다.

　　한나라가 일어난 뒤로, 봉작은 왕(王)과 후(侯)의 두 가지로 나
뉘었다. 고조(高祖) 말년에는 유씨(劉氏)가 아니면서 왕이 되거나,
공로(功勞)가 없어 천자가 봉하지 않았음에도 후(侯)가 된 자는 천
하 사람이 모두 그를 토벌할 수 있게 맹약했다. 당시 고조(高祖)의
자제 또는 종실의 사람으로 왕이었던 자는 9명이었는데, 단지 장

사왕(長沙王)만이 성이 달랐다. 그리고 공신으로서 후(侯)가 된 자는 백여 명이었다. 안문(雁門)·태원(太原)으로부터 동쪽으로 요양(遼陽)에 이르는 것이 연(燕)과 대(代)나라였다. 상산(常山) 남쪽의 태행산(太行山)부터 동쪽으로 향해 황하(黃河)·제수(濟水)를 건너 동아(東阿)·견성(甄城) 동쪽으로 곧장 바닷가에 이르는 것이 제(齊)나라·조(趙)나라였다. 진현(陳縣) 서쪽에서 남쪽으로는 구의산(九疑山)에 이르고 동쪽으로는 장강(長江)·회하(淮河)·곡수(穀水)·사수(泗水) 및 회계산(會稽山)에 근접한 것이 양(梁)·초(楚)·회남(淮南)·장사(長沙)였다. 이들 제후국들은 밖으로는 흉노(匈奴)와 월족(越族)을 접하고 있었다. 내지(內地)의 북쪽에 있는 효산(崤山) 동쪽부터는 모두 제후의 봉지로, 큰 제후국은 5, 6개의 군(郡)을 소유해 몇 십 개의 성시(城市)가 연달아 있었다. 그들은 스스로 조정을 설치하고 관리를 두었는데 분수가 넘쳐 천자에 버금가는 수준이었다. 당시 중앙정부는 삼하(三河)·동군(東郡)·영천(潁川)·남양(南陽)과 강릉(江陵) 서쪽의 촉군(蜀郡)·운중(雲中)·농서(隴西)·내사(內史)를 합쳐 겨우 15개의 군을 관할하고 있었다. 그런데 공주(公主)·열후(列侯) 등의 식읍(食邑)이 이 지역에 많았는데 이는 무슨 이유 때문인가? 천하가 막 평정되었을 때에는 왕이나 후가 될 만한 황실의 인물의 숫자가 적었기 때문에 한나라 황실의 여러 자손들이 힘을 보태어 천하를 다스리고 한나라를 보좌하게 하기 위해서였다.

한나라가 천하를 평정하고 일백 년 동안, 황실의 친척들은 서로 멀어져갔으며 어떤 제후들은 교만하고 사치해 간사한 신하의 말에 젖어들어 반란을 꾀하기도 했다. 이들 중에는 크게는 반역을 일으키는 자도 있었고, 작게는 국법을 무시하고 몸을 위태롭게 하여 나라를 잃는 자도 있었다. 천자는 고대의 정치 득실을 관찰해서 제후에게 은혜를 베푸니 그들은 자손들에게까지 국읍(國邑)을 나누어 줄 수 있게 되었다. 그래서 제(齊)나라는 일곱, 조(趙)나라는 여섯, 양(梁)나라는 다섯, 회남(淮南)은 셋으로 나뉘었다. 천자의 방계로서 왕이 된 자와 왕자의 방계로서 제후가 된 자는 백여 명이었다. 오초(吳楚)의 난이 일어났을 때 제후들이 벌을 받아 봉지가 삭감되어 연(燕)과 대(代) 북쪽의 군(郡)을, 오(吳)·회남(淮南)·장사(長沙)는 남쪽의 군(郡)을 잃었고, 제(齊)·조(趙)·양(梁)·초(楚)의 지군(支郡)과 명산, 못과 바다는 모두 한나라 조정에 귀속되었다. 제후들이 점점 약해져서 큰 제후국도 불과 십여 개의 성을 소유할 뿐이었고, 작은 제후국은 겨우 몇 십 리의 땅을 점유했다. 이렇게 함으로써 제후들이 위로는 나라에 진상하고 아래로는 조상 제사를 모시는 것으로 만족하게 하고, 수도를 둘러싸서 호위하게 했다. 한나라 조정이 설치한 군은 8, 90여 개로 제후국 사이에 얽혀지듯 자리해 그 형세가 개의 이빨처럼 단단히 맞물린 듯했다. 그래서 조정은 천하의 요새를 장악해 중앙의 힘이 강화되고 제후는 약화되니 존비(尊卑)의 관계가 명확해지고 모든 일이 제대로 행해지게 되었다.

殷以前尚矣. 周封五等: 公, 侯, 伯, 子, 男. 然封伯禽·康叔於魯·衛, 地各四百里, 親親之義, 襃有德也; 太公於齊, 兼五侯地, 尊勤勞也. 武王·成·康所封數百, 而同姓五十五, 地上不過百里, 下三十里, 以輔衛王室. 管·蔡·康叔·曹·鄭, 或過或損. 屬·幽之後, 王室缺, 侯伯彊國興焉, 天子微, 弗能正. 非德不純, 形勢弱也.

漢興, 序二等. 高祖末年, 非劉氏而王者, 若無功上所不置而侯者, 天下共誅之. 高祖子弟同姓為王者九國, 唯獨長沙異姓, 而功臣侯者百有餘人. 自雁門·太原以東至遼陽, 為燕代國; 常山以南, 太行左轉, 度河·濟·阿·甄以東薄海, 為齊·趙國; 自陳以西, 南至九疑, 東帶江·淮·穀·泗, 薄會稽, 為梁·楚·淮南·長沙國: 皆外接於胡·越. 而內地北距山以東盡諸侯地, 大者或五六郡, 連城數十, 置百官宮觀, 僭於天子. 漢獨有三河·東郡·潁川·南陽, 自江陵以西至蜀, 北自雲中至隴西, 與內史凡十五郡, 而公主列侯頗食邑其中. 何者? 天下初定, 骨肉同姓少, 故廣彊庶孽, 以鎮撫四海, 用承衛天子也.

漢定百年之間, 親屬益疏, 諸侯或驕奢, 忕邪臣計謀為淫亂, 大者叛逆, 小者不軌於法, 以危其命, 殞身亡國. 天子觀於上古, 然後加惠, 使諸侯得推恩分子弟國邑, 故齊分為七, 趙分為六, 梁分為五, 淮南分三, 及天子支庶子為王, 王子支庶為侯, 百有餘焉. 吳楚時, 前後諸侯或以適削地, 是以燕·代無北邊郡, 吳·淮南·長沙無南邊郡, 齊·趙·梁·楚支郡名山陂海咸納於漢. 諸侯稍微, 大國不過十餘城, 小侯不過數十里, 上足以奉貢職, 下足以供養祭祀, 以蕃輔京師. 而漢郡八九十, 形錯諸侯間, 犬牙相臨, 秉其阨塞地利, 彊本幹, 弱枝葉之勢, 尊卑明而萬事各得

其所矣.[49]

위의 문장은 주 왕조부터 한 무제 시대에 이르기까지 봉건 제후의 상황과 천하의 형세를 총괄해서 서술한 것이다.

원래 진(秦)나라의 토지는 우공(禹貢) 시대에 옹주와 양주 두 고을에 걸쳐 있었다. 『시』의 풍(風)은 진과 빈(豳) 두 나라를 겸유했다. 옛날에 후직(后稷)을 태(邰)에 봉했다. 공유(公劉)가 빈(豳)에 거처했으며 대왕은 기(邠)로 이사했다. 문왕이 풍(酆) 땅에서 일어났고, 무왕이 호(鎬) 땅을 다스렸다. 그 백성에게는 선왕이 남긴 풍속이 있어 농사짓기를 즐기는 등 본업에 힘썼다. 그런 까닭에 『시』의 빈풍은 농사짓고 누에치는 따위의 의식주의 근본이 매우 잘 갖춰져 있다고 말한다. 호(鄠)와 두(杜) 땅에는 대나무 숲이 있고, 남산에는 박달나무와 뽕나무가 있어 육해라고 불렸으며, 구주의 기름진 땅이라 한다. 진시황의 초기에는 정나라 땅에서 도랑을 파고 경수의 물을 끌어다 논에 물을 대어 천리나 되는 들을 비옥하게 만들었으므로 백성들의 살림이 부유하고 풍요로웠다. 한나라가 일어나 장안에 도읍을 정한 뒤 제나라의 여러 전씨(田氏)들을 이주시키고, 초나라의 소씨(昭氏), 굴씨(屈氏), 경씨(景氏)와 모든 공신들의 가족을 장릉으로 이주시켰다. 이후 대대로 2천 석의 관리와 재물이 많은 부자들과 호걸의 가솔들이 제릉에

---

49 『사기』「漢興以來諸侯年表」.

이주해왔다. 대개 중심 줄기를 강화하고 약한 가지를 솎아 내는 것은 오로지 산원(山園)을 받들기 위해서만이 아니다. 이런 까닭에 오방이 섞여서 풍속이 순일하지 못했다. 세가들은 예와 문장을 좋아하며, 부자는 장사를 하여 이익을 도모하고, 호걸들은 유협을 일삼으며 간사한 무리와 교유(交遊)한다. 이는 남산에 인접하고 하양(夏陽)이 가까운 탓이다. 그래서 많은 험악하고 방탕한 사람들이 쉽게 도적이 되어 늘 천하에서 가장 혼란한 지역이 되었다. 또 군국에 사람이 몰려들어 떠돌이 거지가 많고 백성은 근본을 버리고 말단으로 나아간다. 제후의 반열에 든 귀인들은 수레와 의복이 분수에 넘치고 백성들은 이를 흉내 내어 따라 한다. 서로 상대에 미치지 못함을 부끄러워하며 혼사에 더욱 사치를 부리며, 장례에도 허례허식이 지나치다.

故秦地於禹貢時跨雍·梁二州, 詩風兼秦·豳兩國. 昔后稷封斄, 公劉處豳, 大王徙郊, 文王作酆, 武王治鎬, 其民有先王遺風, 好稼穡, 務本業, 故豳詩言農桑衣食之本甚備. 有鄠·杜竹林, 南山檀柘, 號稱陸海, 為九州膏腴. 始皇之初, 鄭國穿渠, 引涇水漑田, 沃野千里, 民以富饒. 漢興, 立都長安, 徙齊諸田, 楚昭·屈·景及諸功臣家於長陵. 後世世徙吏二千石高訾富人及豪桀并兼之家於諸陵. 蓋亦以彊幹弱支, 非獨為奉山園也. 是故五方雜厝, 風俗不純. 其世家則好禮文, 富人則商賈為利, 豪桀則游俠通姦. 瀕南山, 近夏陽, 多阻險輕薄, 易為盜賊, 常為天下劇. 又郡國輻湊, 浮食者多, 民去本就末, 列侯貴人車服僭上, 眾庶放效, 羞不相

及, 嫁娶尤崇侈靡, 送死過度.[50]

　위의 글은 진나라 땅의 역사적 배경과 물산의 풍족함과 풍속 습관을 종합하여 서술한 것이다.

　이러한 총괄 서술은 표면적으로는 소위 말하는 역사 서술(historical narrative)이나 본질적으로는 역사 해설(historical interpretation)이라고 할 수 있다. 근대 역사가들은 역사 해설을 위하여 역사의 일반화(generalization)를 추구했으며,[51] 또한 일반화가 무엇인가 하는 문제에 대해서는 논쟁이 끊이지 않았다. 실제로 역사에서의 일반화란 시간과 공간을 관통하는 공통 현상으로 철학과 과학에서의 일반화와는 다르다. 한나라 초엽에 천하가 곤궁했으니 "천자마저도 말 네 마리가 끄는 수레를 갖출 수 없었고, 장군이나 재상도 소가 끄는 수레를 타고 다닐 수 없었는데 [自天子不能具鈞駟, 而將相或乘牛車]", 한 무제가 즉위하고 수년 후에는 천하가 부유하여 "서민이 사는 거리에서도 사람들은 말을 탔으며, 논밭 사이의 길에서는 무리를 지었다 [眾庶街巷馬, 阡陌之間成群]." 동일한 지역에서 두 가지의 시대적인 현상이 각기 그 공통점을 지녔으니 하나는 빈곤이고 다른 하나는 부유이며, 서술하다 보니 역사가들의 해석이 그 가운데 녹아 있다. 나란히

---

50 『한서』 「지리지」.

51 Peter Gay, *Style in History*, 1974, p. 190; M. I. Finley, 'Generalization in Ancient History', in *Generalization in the Writing of History*, ed. by Louis Gotts－chalk, 1963, p. 20, p. 34; G. Kitson Clark, *The Critical Historian*, 1967, p. 24; H. Butterfield, *Man on His Past*, 1955, p. 101－102; 杜維運, 『史學方法論』, 222－225쪽 참조.

놓고서 개괄해 보니, 한대(漢代) 역사의 변화가 뚜렷이 드러난다. 그래서 중국 고대 사학 저술 중의 총괄 서술은 하나의 역사 해석이라 할 수 있으며, 그 가운데에는 역사가들의 분석과 종합이 내재되어 있다. 사학이 어느 정도까지 발전하든 간에 이러한 총괄 서술은 사학 저술 중에서 없어서는 안 된다. 총괄 서술의 깊이와 정확도는 또 다른 문제이다.

제6장

사학 저술의 업적 비교(하)

3. 사학 저술의 정신 경계

사학 저술이 포함하고 있는 것은 수많은 역사적 사실들이며, 이러한 역사적 사실들을 서술하는 데에는 반드시 문자를 사용해야 한다. 소위 '그 일'과 '그 글'은 사학 저술의 양대 요소로서 하나라도 없어서는 안 된다. '그 일'과 '그 글' 이외에 사학 저술에는 또 하나의 정신 경계가 있으니 이른바 '그 뜻'이다.[1] 역사가들이 한평생을 바쳐서 한 권의 사학 명저를 저술하는 데는 반드시 그 동기와 목적이 있는데, 이것이 바로 사학 저술의 정신 경계이다. 이러한 경계가 없다면 사학 저술은 찬란한 빛과 귀중한 생명을 잃게 된다.

서양 고대 사학 저술의 정신 경계 가운데 하나가 진리 탐구이다〔제3장에서 말하는 구진(求眞)이다〕. 헤로도토스는 지난 일의 탐색에 들어가서 그리스인과 타 민족이 서로 공격하는 원인을 궁구했다.[2] 투

---

1 『맹자』「이루(離婁)」하. "진나라의 승과 초나라의 도올, 노나라의 춘추는 같은 것이다. 거기에 다룬 일은 제 환공과 진 문공에 관한 것이며, 그 글은 사관의 기록이다. 공자께서 '그 뜻을 내가 외람되이 취해서 썼다'고 말했다〔晉之「乘」, 楚之「檮杌」, 魯之「春秋」, 一也. 其事則齊桓晉文, 其文則史. 孔子曰: '其義則丘竊取之矣'〕."

2 M. I. Finley, *The Use and Abuse of History*, p. 30:

키디데스는 명저를 저술하여 새로운 진리 표준을 창조했으며, 사실들을 정확하게 나타내어 하나의 기록이 그 진실함으로 인하여 영원한 가치를 부여받게 했다.[3] 폴리비우스는 역사가들은 반드시 원인과 내재적 관계를 탐구하고 상세히 설명해야 한다고 강력히 주장했다.[4] 그리하여 그리스는 과거의 사실을 거론한 첫 번째 민족으로 과학적 품격(scientific manner)을 지녔으며, 반드시 사실 자체를 고찰해야 한다는 것을 깨닫게 된 것으로 여겨진다.[5] 그리스는 그리하여 절대적인 역사가 없으며 확정된 스토리도 없고, 오직 추리의 재구성(speculative reconstructions)만이 있을 뿐이다. 그리스 사학이 진리를 탐구하는 이러한 전통 아래에서 서양 사학의 성취가 마침내 세상에 고고히 그 모습을 드러내게 되었다.

"We must still ask why Herodotus applied the word historia, which simply means 'inquiry', to an inquiry into the past. His own answer is given right at the beginning of his work: to preserve the fame of the great and wonderful actions of the Greeks and barbarians and to inquire into the reasons why they fought each other."

3　J. B. Bury, *The Ancient Greek Historians*, p. 81:
"In his Introduction Thucydides announces a new conception of historical writing. He sets up a new standard of truth or accurate reproduction of facts, and a new ideal of historical research⋯. He does not seek himself to furnish entertainment or to win a popular success, but to construct a record which shall be permanently valuable because it is true."

4　Ibid., p. 199:
"He (Polybius) insisted very strongly on the point that, in order to serve such pragmatical uses, a mere narrative of events is inadequate, and the historian must investigate and explain the causes and the inter‐connections."

5　Herbert Butterfield, *The Origins of History*, p. 118:
"It is held that the Greeks were the first people to deal with the events of the past in anything like a scientific manner, realising that the facts themselves must be the subject of an investigation."

실용과 교훈은 서양 고대 사학 저술의 또 다른 정신 세계이다. 투키디데스는 과거 발생한 사건에 대한 정확한 지식이 장래에 쓸모 있으며, 그러한 역사 저술은 지극히 현실적인 목적을 가진다고 생각했다.

그는 이렇게 말했다. "과거 발생한 사건에 대한 정확한 지식이 앞으로 대단히 유용하며, 인간 세상의 가능성(human probability)에 따라서 유사한 사건이 다시 발생할 수 있다." 이것은 첫 번째 진술로 역사가 호기심을 만족시키거나 나라 사랑의 효능 이외에 확실한 실질적인 기능이 있으며, 또한 정치가와 군 지휘관을 교육하는 교훈을 함축하고 있다.[6]

투키디데스의 역사는 그 의의가 교훈에 있으며, 과거의 지식에 기초하여 미래에 유용한 지침이 될 수 있다. 과거의 지식은 사람들로 하여금 분별 있게 행동하게 하여 잘못을 모면하게 한다.[7]

---

6 J. B. Bury, *The Ancient Greek Historians*, p. 243:
"The accurate knowledge of what has happened," he (Thucydides) says, 'will be useful, because, according to human probability, similar things will happen again.' This is the first statement of the opinion that history has another function than the satisfaction of curiosity or of patriotic pride, that it has a definite practical utility, that it contains lessons to instruct the statesman or the military commander."

7 Michael Grant, *The Ancient Historians*, p. 78 – 79:
"Thucydides' history is designed to be instructive because a knowledge of the past will be a useful guide to the future. It will enable men to act more sensibly and to avoid mistakes."

투키디데스 역시 그가 저술한 역사가 정치가에게 유용하다는 뜻으로 말하고 있다.[8]

역사를 통하여 미래를 준비하고 정치가와 군 지휘관을 교육하는 것은 호기심과 애국심을 만족시키는 것에 비하여 정신 경계는 이미 한 단계 더 높다.

폴리비우스는 투키디데스보다 실용과 교훈의 역사를 더욱 중시하여 역사가 오락을 위해 사용되거나, 옛것을 좋아하는 자나 혹은 지역적인 호기심을 만족시키기 위해 쓰이는 것을 화를 내며 거부하면서, 역사는 반드시 생활 가운데서 교육을 실시해야 하며,[9] 역사는 정치 인생의 학교이자 훈련소라고 강력히 주장했다.[10]

역사에서 습득한 지식은 공무에 종사하는 자에게 진정한 교육이자 가장 좋은 훈련이며, 천명이 나에게 부여한 성패와 애환을 어떻게 용감하게 감당할 것인지를 타인의 재난으로부터 우리는 분명히 학습할 수 있다.[11]

---

8 Ibid., p. 79:
  "Thucydides also meant his history to be useful to statesmen and politicians."
9 Ernst Breisach, *Historiography, Ancient, Medieval & Modern*, 1983, p. 49:
  "Polybius angrily rejected history written for entertainment···. or for the satisfaction of antiquarian or local curiosity. History must teach about life."
10 R. G. Collingwood, *The Idea of History*, p. 35:
  "History, for him (Polybius), is worth studying not because it is scientifically true or demonstrative, but because it is a school and training – ground for political life."
11 Polybius, *The Histories*, 1.1, (trans. E. S. Shuckburgh), Indiana University Press, 1962.

오로지 과거의 사건을 우리 현재의 환경에 적응시켜야만 우리는 비로소 미래를 예측하는 방법과 기초를 가질 수 있으며, 과거로부터 우리는 어떻게 주의해서 일할 것인지, 어떻게 대담하게 전진할 것인지를 학습할 수 있다.[12]

과거를 아는 것은 사람의 마음을 기쁘게 할 뿐만 아니라 게다가 또한 아주 필요한 일이다. 나는 다시 세 개의 예를 들어 설명하겠다. 한 정치가를 가정하여, 첫째 그의 신체나 혹은 그의 국가가 위협을 받았으며, 둘째 그는 급히 한 가지 정책을 추진하려 하거나 혹은 적의 공격에 대처할 준비를 해야 하고, 셋째 그는 원래 상태를 유지하기로 결정한다. 이러한 세 가지 다른 상황 속에서, 오로지 역사만이 그에게 선례를 제공해 줄 수 있어서, 첫 번째 상황에 대응하여 그는 어떻게 지원과 우군을 얻어야 하는가를, 두 번째 상황에 대응하여 그는 어떻게 협조를 구해야 하는가를, 세 번째 상황에 대응하여 그는 어떻게 보수파에게 더 큰 힘을 실어줌으로써 현상을 유지해야 하는가를 그에게 일러준다.[13]

사람의 생활을 개선할 수 있는 두 가지 방법이 있는데, 하나는 자신의 불행을 질책하는 것이며, 다른 하나는 타인의 불행을 질책하는 것이다. 전자는 깊은 인상을 남기며, 후자는 고통이 비

---

12 Ibid., 12–25a.
13 Ibid., 3–31.

교적 가볍다. 그러므로 우리는 주동적으로 전자의 방식을 선택해서는 안 되는데, 그것이 비록 우리를 개선시킬 수 있어도, 동시에 매우 큰 고통과 위험을 가져오기 때문이다. 하지만 후자의 방식을 취해야 하는 것은 우리가 힘들이지 않고 얻을 수 있기 때문이다. 이러한 사실에 근거해서, 진정한 역사를 연구함으로써 얻는 경험은 실제 생활의 가장 좋은 교육임에 우리는 동의해야 하며, 오로지 이런 경험이 있기 때문에, 한편으로는 우리에게 해를 끼치지 않을 것이며, 다른 한편으로는 우리가 어떠한 상황과 환경 하에서 취해야 하는 대책을 알게끔 또 훈련시킬 수 있다.[14]

확실히 폴리비우스는 역사의 실용과 교훈의 가치를 강력히 강조했는데, 역사는 정치가를 위해 선례를 제공할 수 있고, 아울러 진실한 역사를 연구하여 얻은 경험은 실제 생활의 가장 좋은 교육이라는 시각으로 이는 역사를 본보기로 삼는 관념이다. 폴리비우스의 역사 저술은 그러한 연유로 그 뜻이 교훈에 있으며, 그는 자신의 방식으로 쓰여진 역사는 반드시 유용하다고 거듭 단언한다.[15] 그는 또한 아주 자신 있게 말한다. "내가 선택한 제목과 그것의 특수한 성질은 이미 노

---

14 Ibid., 1 – 35. 이상 11) ~ 14)의 중국어 번역문은, 王任光 교수의 번역에 근거한 것이다. 王任光, 「波力比阿斯的史學」(王任光·黃俊傑 편, 『古代希臘史研究論集』).

15 Michael Grant, *The Ancient Historians*, p. 155:
"Thucydides had indicated that his work was intended as a permanent possession which would be of value to those who studied it. Polybius echoed the claim, adding more explicitly that his own work is designed to provide instruction. He asserts over and over again that history, in the way that he has written it, can be useful."

소를 막론하고 내 책을 읽게 하기에 충분하다.……나는 또한 어느 누구도 다른 사물이나 혹은 연구를 이 일의 위에 두지는 않을 것이라고 믿는다."[16]

중국 고대 사학 저술의 정신 경계는 공자가 『춘추』를 저술하고서부터 크게 넓혀졌다.

> 『춘추』의 서술은 간결하면서도 그 뜻은 분명하고, 사실을 적었으되 함축하는 바가 심원하며, 에둘러서 말했으나 문장에 조리가 있고, 기탄없이 적었으나 사실을 왜곡하지 않았으며, 악을 징계하고 선을 권장했다. 성인이 아닌 다음에야 누가 이와 같이 기술할 수가 있겠는가?
>
> 『春秋』之稱, 微而顯, 志而晦, 婉而成章, 盡而不汙, 懲惡而勸善, 非聖人誰能修之?[17]

> 『춘추』의 서술은 간결하지만 그 뜻은 분명하고, 말은 완곡하지만 옳고 그름은 밝게 분별했으니, 윗사람이 능히 이 『춘추』의 큰 뜻을 밝힌다면 선인을 권장하고 악인을 두렵게 할 수 있다. 그러므로 군자는 『춘추』를 귀중하게 여긴다.
>
> 『春秋』之稱, 微而顯, 婉而辯, 上之人能使昭明, 善人勸焉, 淫

---

16 Polybius, *The Histories*, 1-1.
17 『좌전』 성공(成公) 14년, 좌구명이 '군자 왈'을 빌려서 한 말.

人懼焉, 是以君子貴之.[18]

　『춘추』는 의를 귀하게 여기되 사사로운 이익을 귀하게 여기지 않았고, 바른 도를 믿되 삿된 것을 믿지 않았다.
　『春秋』貴義而不貴惠, 信道而不信邪.[19]

　군자는 사사로운 친분으로 존귀한 사람의 존엄을 해쳐서는 안 되니, 이것이 『춘추』의 대의(大義)이다.
　君子不以親親害尊尊, 此『春秋』之義也.[20]

　『춘추』는 존귀한 사람과 친한 사람, 어진 사람의 이름을 숨겼다.
　『春秋』爲尊者諱, 爲親者諱, 爲賢者諱.[21]

　『춘추』는 노나라를 국가라고 하고 노나라 이외의 제후국을 제하라 했으며, 제하 이외를 오랑캐라 했다.
　『春秋』內其國而外諸夏, 內諸夏而外夷狄.[22]

---

18 『좌전』 소공(昭公) 31년, 좌구명이 '군자 왈'을 빌려서 한 말.
19 『곡량전』 은공(隱公) 원년.
20 『곡량전』 문공(文公) 2년.
21 『공양전』 민공(閔公) 원년.
22 『공양전』 성공(成公) 15년.

어지러운 세상을 수습하고 바로 돌려놓는 데는 『춘추』만한 것이 없다.

撥亂世, 反諸正, 莫近諸『春秋』.[23]

왕자의 자취가 사라지자 『시』가 없어졌으며, 『시』가 없어진 뒤에 『춘추』가 지어졌다. 진나라의 『승』과 초나라의 『도올』, 노나라의 『춘추』는 같은 것이다. 거기에서 다룬 일은 제 환공과 진 문공에 관한 것이며, 그 글은 사관의 기록이다. 공자께서 "그 뜻을 내가 외람되이 취해서 썼다."고 말씀하셨다.

王者之迹熄而『詩』亡, 『詩』亡然後『春秋』作. 晉之『乘』, 楚之『檮杌』, 魯之『春秋』, 一也. 其事則齊桓晉文, 其文則史. 孔子曰: "其義則丘竊取之矣."[24]

옛날에 우가 홍수를 막아서 천하가 태평해졌고, 주공이 오랑캐를 병합하고 맹수를 몰아내서 백성들이 편안해졌으며, 공자가 『춘추』를 완성시키니 난신적자들이 두려워하게 되었다.

昔者禹抑洪水而天下平, 周公兼夷狄, 驅猛獸, 而百姓寧. 孔子成『春秋』, 而亂臣賊子懼.[25]

세상이 쇠퇴하고 정도가 쇠미해져서 간특한 말과 포악한 행

---

23 『공양전』 애공(哀公) 14년.
24 『맹자』 「이루(離婁)」 상.
25 『맹자』 「등문공」 하.

동이 일어나니, 신하가 그 임금을 죽이는 일도 있고, 자식이 그 아비를 죽이는 일도 있다. 공자가 염려하여 『춘추』를 지었는데, 『춘추』는 천자의 일이다. 그리하여 공자가 말했다. "나를 알아주는 것도 오직 『춘추』이고, 나를 벌주는 것도 오직 『춘추』이다."

世衰道微, 邪說暴行有作, 臣弑其君者有之, 子弑其父者有之. 孔子懼, 作『春秋』.『春秋』, 天子之事也. 是故, 孔子曰: "知我者, 其惟『春秋』乎! 罪我者, 其惟『春秋』乎!"[26]

오나라와 초나라의 군주가 왕을 자칭했지만 『춘추』에서는 그것을 낮추어 본래의 작위인 자작(子爵)으로 칭했다. 천토(踐土)의 회맹(會盟)은 실제로는 제후가 주나라의 천자를 부른 것이지만 『춘추』에서는 그 사실을 피해서, "천자가 하양(河陽)으로 수렵을 나갔다"라고 기록했다. 이런 사안들을 들어서 당세의 법통을 바로잡는 기준으로 삼았다. 이처럼 제후들을 폄훼한 뜻은 후에 군주가 될 사람들이 이를 참고해 실행하게 하는 데 있다. 『춘추』의 대의가 행해지게 되면 곧 천하의 난신적자들이 두려워하게 될 것이다.

吳楚之君自稱王, 而『春秋』貶之曰子; 踐土之會, 實召周天子, 而『春秋』諱之曰: "天王狩於河陽." 推此類以繩當世貶損之義, 後有王者, 擧而開之. 『春秋』之義行, 則天下亂臣賊子懼焉.[27]

---

26 Ibid.
27 『사기』「공자세가」.

주나라의 왕도가 쇠퇴하자 공자는 노나라 사구가 되었다. 그러자 제후들은 공자를 시기하고 대부들은 공자를 방해하고 나섰다. 이에 공자는 자신의 말과 주장이 통하지 않는다는 것을 알고는 242년에 이르는 여러 나라의 역사에 대하여 옳고 그름을 따져서 천하의 본보기로 삼았다. 천자라도 어질지 못하면 비판하고, 무도한 제후는 깎아내리고, 간악한 대부는 성토함으로써 왕도의 이상을 나타내려 했을 따름이다. 공자께서도 "내가 본래 추상적인 이론으로 기록하려 했으나 구체적인 역사적 사실을 일목요연하게 보여 주는 것이 훨씬 분명하고 절실하다"고 말씀하셨다. 『춘추』는 위로는 삼왕의 도를 밝히고, 아래로는 인간사의 기강을 가리고, 의심나는 바는 구별하고, 시비는 밝히며, 결정하지 못하고 있는 것은 결정하게 하고, 선은 장려하고 악은 미워하며, 유능한 사람은 존중하고 못난 자는 물리치고, 망한 나라의 이름은 보존하게 하며, 끊어진 세대의 후손은 찾아 잇게 하고, 모자란 곳은 메워 주고 못쓰게 된 것은 다시 일으켜 세우는 바, 이것이야말로 왕도의 위대함이다.

周道衰廢, 孔子為魯司寇, 諸侯害之, 大夫壅之. 孔子知言之不用, 道之不行也, 是非二百四十二年之中, 以為天下儀表, 貶天子, 退諸侯, 討大夫, 以達王事而已矣. 子曰: "我欲載之空言, 不如見之於行事之深切著明也." 夫『春秋』, 上明三王之道, 下辨人事之紀, 別嫌疑, 明是非, 定猶豫, 善善惡惡, 賢賢賤不肖, 存

亡國, 繼絶世, 補敝起廢, 王道之大者也.[28]

　　어지러운 세상을 수습하여 바로 돌려놓는 데는 『춘추』만한 것이 없다. 『춘추』는 글자로 수만 자가 되는데 거기에 나타나 있는 대의도 수천 가지가 된다. 만사의 성공과 실패, 흥망과 성쇠가 모두 『춘추』에 응집되어 있다. 『춘추』에는 시해당한 군주가 36명에 멸망한 나라가 52개나 되며, 사직을 보존하지 못하고 여러 나라를 떠돈 제후들은 그 수를 헤아릴 수 없을 정도이다. 그 까닭을 살펴보면 모두가 다스림의 근본을 잃었기 때문이다. 그래서 『역』에서는 "터럭만큼의 실수가 천리나 되는 엄청난 잘못을 초래한다"고 했고, 또 "신하가 군주를 시해하고, 아들이 아비를 살해하는 일은 결코 하루아침에 일어난 일이 아니라 오랫동안 쌓인 결과"라고 했다. 이렇기 때문에 나라를 다스리는 자라면 『춘추』를 몰라서는 안 된다. 『춘추』를 모르면 바로 코앞에 나쁜 말만 일삼는 소인배가 있어도 보지 못하고, 등 뒤에 음흉한 간신이 있어도 알지 못한다. 신하된 자도 『춘추』를 몰라서는 안 된다. 『춘추』를 모르면 평범한 사무인데도 전례에 집착하여 적절하게 처리하지 못하고, 긴급한 일을 당해도 상황에 맞추어 대처할 줄 모른다. 군주나 아비가 되어 『춘추』의 대의를 제대로 통찰하지 못하면 가장 나쁜 오명을 뒤집어쓰게 된다. 신하나 자식 된 자로서 『춘추』의 대의(大義)를 통찰하지 못하면 틀림없이 찬탈이나

---

28 사마천이 동중서(董仲舒)의 말을 인용하여 서술한 것으로, 『사기』 「태사공자서」에 나온다.

군주 시해와 같은 죽을죄에 빠진다. 나름대로 해야 할 일을 한다고 여기고 행동하지만 큰 뜻이 어디에 있는지 모르기 때문에 여론의 질책을 받아도 감히 반박하지 못한다. 예의의 요지를 잘 모르면 군주는 군주답지 못하고 신하는 신하답지 못하며, 아비는 아비답지 못하고 자식은 자식답지 못하게 된다. 군주가 군주답지 못하면 신하에게 농락당하고, 신하가 신하답지 못하면 죽음을 면하기 어렵다. 아비가 아비답지 못하면 무도한 아비가 되고, 자식이 자식답지 못하면 불효자가 된다. 이 네 가지는 천하의 큰 잘못이다. "천하의 큰 잘못"이라는 죄명을 갖다 붙여도 감히 변명하지 못한다. 이렇듯 『춘추』는 예의의 커다란 근본이다.

撥亂世, 反之正, 莫近於『春秋』.『春秋』文成數萬, 其指數千. 萬物之散聚皆在『春秋』.『春秋』之中, 弒君三十六, 亡國五十二, 諸侯奔走不得保其社稷者不可勝數. 察其所以, 皆失其本已. 故『易』曰: "失之豪釐, 差以千里." 故曰: "臣弒君, 子弒父, 非一旦一夕之故也, 其漸久矣." 故有國者不可以不知『春秋』, 前有讒而弗見, 後有賊而不知. 為人臣者不可以不知『春秋』, 守經事而不知其宜, 遭變事而不知其權. 為人君父而不通於『春秋』之義者, 必蒙首惡之名. 為人臣子而不通於『春秋』之義者, 必陷簒弒之誅, 死罪之名. 其實皆以為善, 為之不知其義, 被之空言而不敢辭. 夫不通禮義之旨, 至於君不君, 臣不臣, 父不父, 子不子. 夫君不君則犯, 臣不臣則誅, 父不父則無道, 子不子則不孝. 此四行者, 天下之大過也. 以天下之大過予之, 則受而弗敢辭. 故『春

秋』者, 禮義之大宗也.[29]

　『춘추』 삼전(三傳)과 맹자·동중서·사마천 등 『춘추』를 해석한 비교적 초기의 학설은 『춘추』가 지어진 까닭에는 깊은 뜻이 있음을 분명하게 간파했으니, '권선징악[懲惡而勸善]'이 바로 그 깊은 뜻임을 알았고, '어지러운 세상을 수습하고 바로 돌려놓는[撥亂世, 反諸正]' 것이 그 깊은 뜻임을 알았으며, '노나라 이외의 제후국을 제하(諸夏)라 하고 제하 이외를 오랑캐라 한 것[內諸夏而外夷狄]'이 깊은 뜻임을 알았고, '존귀한 사람과 친한 사람, 어진 사람의 이름을 숨기는[爲尊者諱, 爲親者諱, 爲賢者諱]' 것이 깊은 뜻임을 알았다. 그리하여 '예의의 커다란 근본[禮義之大宗]'이 『춘추』에 있으며, '『춘추』의 대의가 행해지게 되면 곧 천하의 난신적자들이 두려워하게 될 것이며[『春秋』之義行, 則天下亂臣賊子懼],' '위로는 삼왕의 도를 밝히고, 아래로는 인간사의 기강을 가리고, 의심나는 바는 구별하고, 시비는 밝히며, 결정하지 못하고 있는 것은 결정하게 하고, 선은 장려하고 악은 미워하며, 유능한 사람은 존중하고 못난 자는 물리치고, 망한 나라의 이름은 보존하게 하며, 끊어진 세대의 후손은 찾아 잇게 하고, 모자란 곳은 메워 주고 못쓰게 된 것은 다시 일으켜 세우게 되니[上明三王之道, 下辨人事之紀, 別嫌疑, 明是非, 定猶豫, 善善惡惡, 賢賢賤不肖, 存亡國, 繼絶世, 補敝起廢],' 『춘추』의 대

---

29 Ibid.

의는 왕도(王道)의 위대함에 버금간다. 그러나 공자가 『춘추』를 지은 정신 경계는 서양 고대 사학 저술의 정신 경계와 비교하면 또 다른 세상이다. 똑같이 실용과 교훈을 목적으로 하지만, 하나는 역사를 정치가와 군 지휘관을 교육하는 데 머물러 역사의 경험을 실제 생활을 지도하는 데 사용했으며, 다른 하나는 역사를 통하여 인류 문명을 유지하는 경지에 도달했다. 역사를 통하여 인류 문명을 유지하려면 자연적으로 필법(筆法)을 중시해야 하는데, 소위 '『춘추』의 서술은 간결하면서도 그 뜻이 분명하고, 말은 완곡하지만 옳고 그름은 밝게 분별하고[『春秋』之稱, 微而顯, 婉而辯],' '『춘추』의 서술은 간결하면서도 그 뜻이 분명하고, 사실을 적었으되 함축하는 바가 심원하며, 에둘러서 말했으나 문장에 조리가 있고, 기탄없이 적었으나 사실을 왜곡하지 않는[『春秋』之稱, 微而顯, 志而晦, 婉而成章, 盡而不汙]' 것이 『춘추』 필법이다. 소위 '노나라 이외의 제후국을 제하라 했으며, 제하 이외를 오랑캐라 하고[內諸夏而外夷狄],' '존귀한 사람과 친한 사람, 어진 사람의 이름을 숨기는[爲尊者諱, 爲親者諱, 爲賢者諱]' 것이 『춘추』 필법이다. 『춘추』 필법은 중국의 포폄(褒貶) 사학이 그에 순응하여 나오게 했다. '의심나는 바는 구별하고, 시비는 밝히며, 결정하지 못하고 있는 것은 결정하게 하고, 선은 장려하고 악은 미워하며, 유능한 사람은 존중하고 못난 자는 물리치고, 망한 나라의 이름은 보존하게 하며, 끊어진 세대의 후손은 찾아 잇게 하는[別嫌疑, 明是非, 定猶豫, 善善惡惡, 賢賢賤不肖, 存亡國, 繼絶世]' 것이 명백한 포폄 사학이다. 직필(直筆)에 위배된다고 여겨져 한없이 트집잡히는

'존귀한 사람과 친한 사람, 어진 사람의 이름을 숨겨주는[爲尊者諱, 爲親者諱, 爲賢者諱]' 것은 인류 문명을 유지하는 것을 임무로 삼는 포폄 사학의 입장에서 보면 너그럽게 봐줄 수 있다. 『춘추』가 어진 사람의 이름을 숨긴 것은 제 환공과 진 문공인데 모두 그 업적을 기록한 것은 그 업적이 추앙받기에 충분하기 때문이다.[30] 제 환공과 진 문공의 과실을 꼭 찾아내어 그들을 호되게 꾸짖고, 남의 허물을 들추어

---

30 유기(劉基), 『욱리자(郁離子)』 上卷, 「論史」. 욱리자는 말한다. "나는 남의 허물을 들추어내는 것을 곧다고 하는 것이 후세들에게 해악이 적지 않을 것임을 이제야 알겠다. 하늘이 사람을 생육하는데 언제까지나 요·순·우·탕·문왕과 같은 사람을 임금으로 삼을 수 없으며, 후세의 군주는 그들보다 못하니 앞으로 어찌 얻을 것인가? 예컨대 한 고조·당 태종은 세상을 뛰어넘는 영명한 군주로 쉬 얻을 수 없다. 이러한 왕조는 수백 년간 전승되어 천하창생이 그 덕으로 안정되고, 사회가 번영하고 창성하며, 오랑캐들도 멀리서 추앙하고 문물제도 또한 훌륭하니, 그들의 공적이 적지 않다. 그러나 그들의 과실을 찾아내어 꾸짖고 또 그들의 과실을 과장하여 후세 사람들에게 증거로써 말한다: '이런 자가 천명을 받아서 천하를 통일했다고? 그리하여 사람들이 그들의 장점을 배우지 않고 그들의 단점을 본보기로 삼으니, 이 어찌 남의 허물을 들추어내는 것을 곧다고 여기는 자들의 해악이 아니겠는가!'" 혹자는 말한다. "역사는 마땅히 사실대로 기록해야 하며, 사실을 있는 그대로 곧게 기록하는 것이 세상의 공정함인데, 이 어찌 남의 과실을 비난하는 것이란 말인가?" 욱리자가 말한다. "이는 유생들이 일상적으로 하는 말이지 공자의 가르침은 아니다. 공자가 『춘추』를 지어 현자의 이름을 숨겼는데, 제 환공과 진 문공에 대해 모두 그 업적만을 기록한 것은 사심이 있어서가 아니라, 그 업적이 사람들이 추앙하기에 충분하기 때문이며, 그 업적을 기록하고 그 과실을 들추지 않은 것은 사람들이 그들의 공적을 의심하는 것을 염려해서이며, 이것이 입교의 종지이다. 고로 『시』와 『서』는 모두 공자가 수정했으며, 상나라와 주나라의 태평성대 군왕들에 대해서 칭송하고 찬미한 것만을 남겼을 따름이다." [郁離子曰: "嗚呼, 吾今而後知以訐爲直者之爲天下後世害不少也. 夫天之生人, 不恒得堯·舜·禹·湯·文王以爲之君, 然後及其次焉, 豈得已哉? 如漢之高祖, 唐之太宗, 所謂間世之英, 不易得也, 皆傳數百年, 天下之生, 賴以安, 民物蕃昌, 蠻夷嚮風, 文物典章可觀, 其功不細. 乃必搜其失而斥之, 以自誇大, 使後世之人, 舉以爲詞曰: '若是者亦足以受天命, 一九有則不師其長, 而效其短, 是豈非以訐爲直者之流害哉?' 或曰: '史直筆也, 有其事則直書之, 天下之公也, 夫奚訐?'" 郁離子曰: "是儒生之常言, 而非孔子之訓也. 孔子作『春秋』, 爲賢者諱, 故齊桓·晋文皆錄其功, 非其之也, 以其功足以使人慕. 錄其功而不揚其罪, 慮人之疑之, 立教之道也. 故『詩』·『書』皆孔子所刪, 其於商·周之盛王, 存其頌美而已矣."]

내는 것을 가지고 곧다고 하면 천하를 통틀어 본보기로 삼아 칭송할 만한 사람이 없을 것이며, 사회 기풍이 붕괴되는 것을 또 어찌 방관할 수 있겠는가? 남의 허물을 들추어내는 것을 곧다고 하여 귀한 사람과 친한 사람을 숨겨주지 않으면, 인심은 또 어떻게 물을 것인가? 그래서『춘추』필법 포폄의 학술은 중국의 사학을 최고의 경계에 이르게 했으며, 인류 문명이 그에 힘입어 유지되게 했다. 공자 이후의 중국 역사가들은 대체로 모두 공자의 가르침을 받들어 존경해마지 않았다. 이는 서양 고대 사학이 일찍이 도달한 적이 없는 경계이다. 이러한 경계에 도달해야만 역사는 비로소 진정한 가치를 지니는 것이다.

제7장

결론

(1)

　중국은 과거에 연연해하는 민족으로 고대로 갈수록 더욱 이상적인 시대라 여긴다. 갈천씨(葛天氏)의 백성들의 생활이 가장 행복했으며, 요순시대는 천하가 서로 읍양(揖讓)하는 국면을 새로 열었고, 풍속 역시 순박함에서 점차 인정이 야박하고 위선적인 방향으로 변해갔다. 그리하여 역사가들은 역사가 퇴화한다고 믿었으며, 역사의 발전은 갈수록 상황이 나빠졌다. 고대를 칭송하는 것은 역사가들의 자연적인 내면의 울림이었다. "옛날을 존중하고 현대를 경시하며[尊古而卑今],"[1] "오늘의 일이 의심나면 옛날을 살펴보고, 미래의 일을 알지 못하거든 지난 일을 살펴보는데[疑今者察之古, 不知來者視之往],"[2] 춘추전국시대의 기풍이 이미 이와 같았다.

　"인류 역사는 황금시대로부터 계속해서 내리막으로 내려가는 이

---

1 『장자』「외물(外物)」. "옛날을 존중하고 현대를 경시하는 것은 학자들의 오랜 잘못이다.[夫尊古而卑今, 學者之流也]"
2 『관자』「형세(形勢)」.

야기인데, 이 주장은 서양 사학에 반향을 불러일으킬 것이다."[3] "요원한 고대에 '황금시대'라는 관념이 출현했으며, 당시에 '뱀이 없고, 전갈이 없고, 무서움이 없고, 공포가 없으며, 인류에 다툼이 없었다.'"[4] "그리스인과 유태인은 모두 태초에 황금시대가 있었다는 환상을 가졌다."[5] 서양의 고대 또한 중국과 마찬가지로 옛날을 존중하고 현대를 경시하는 관념이 출현했다.

(2)

심강백(沈剛伯) 선생은 「고대 중국과 서양의 사학과 그 차이(古代中西的史學及其異同)」라는 논문에서 말했다.

> 우리나라 옛사람들은 비록 '천명은 무상하니[天命靡常],' 사람들은 마땅히 '하늘의 위엄을 존중해야[敬天之威]' 한다고 생각하지만, 하늘이 냉혹하고 무정하다고 여기지 않았고, 절대

---

3 Ernst Breisach, *Historiography, Ancient, Medieval & Modern*, p. 8:
"The assertion that human history is the story of a decline from a Golden Age would reverberate throughout western historiography."

4 Herbert Butterfield, *The Origins of History*, p. 34:
"There emerges the notion of a 'golden age', in the distant past − a time when 'there was no snake, there was no scorpion⋯ there was no fear, no terror, Man had no rival.'"

5 Arnaldo Momigliano, History and Biography, in Moses Finley, ed., *The Legacy of Greece: A New Appraisal*, p. 181:
"Both Greeks and Jews shared the illusion of an initial Golden Age."

불변의 주재자로 믿지도 않았으며, 오히려 시종 사람의 운명은 자신의 손에 달려 있다고 굳게 믿었다.…… 사람은 자신의 의지와 행위에 의지하여 나아가면 바로 '천지의 화육에 참여하고[參天地之化育]' 물러나서는 또한 '천심을 감동시키고[格天心],' '천운을 돌리려는 뜻을 펴니[回天意]' 한 생각 사이에 전화위복이 된다. 이를 일러 '길흉은 사람에 달려 있고[吉凶在人],' '사람이 뜻을 정해 노력하면 운명을 극복한다[人定勝天]'고 하는데, 하늘은 공정하고 사사로움이 없이 그것에 감응하기 때문이다. 그러므로 우리의 역사는 전부 '흥망성쇠는 사람에 달려 있는[興衰在人]' 기록이며, 어쩌다 천명과 연관되는데, 이 또한 순전히 '하늘은 자기 백성들이 보는 것을 보고, 자기 백성들이 듣는 것을 듣는[天視自我民視, 天聽自我民聽]' 모습의 투영이다.[6]

　이것은 중국의 역사 기록이 전부 인간사(人間事)의 기록이며 우연히 천명과 연관되지만 이 또한 인간사의 투영된 모습임을 설명한 것이다. 『춘추』를 예로 들면, 『춘추』는 인간사를 기록하면서 아울러 하늘의 변고를 기록하고 인간사와의 관계를 기록했으며, 『한서』를 예로 들면, 『한서』「오행지」가 기록한 것은 하늘의 천문 현상이 한 번 변할 때마다 반드시 한 가지 일이 일어나며, 하늘과 사람이 밀접하게 연관되어 있으니, 천문 현상을 기록하는 것은 전부가 인사이다. 그러나 중국은 고대로부터 일련의 인문주의적 사학(humanistic

---

6 『沈剛伯先生文集』 上集, 57쪽.

historiography)이 있었다. 역사가들은 "위로는 삼왕의 도를 밝히고, 아래로는 인간사의 기강을 가렸으며[上明三王之道, 下辨人事之 紀]," 또한 한시도 "하늘과 인간의 관계를 탐구하고, 과거와 현재의 변화를 꿰뚫어 일가의 문장을 이루고자 했음[究天人之際, 通古今之 變, 成一家之言]"[7]을 잊어버리지 않았다. 이러한 역사의 인문주의 (historical humanism)는 중국의 고대를 뒤덮었으며, 그리하여 인문주의 적 사학은 중국 고대 사학의 일대 특색이 되었다.[8]

서양 고대 사학 역시 인문주의 색채가 충만하다. 서양 역사의 할 아버지라 불리는 헤카타이오스(Hecataeus)는 신화의 서사를 심의하면 서 하나의 유행을 선도했는데, 오로지 인류 이성이 인정할 수 있는 것 만을 받아들였다. 수십 년 후, 안티오쿠스[Antiochus of Syracuse, 기원 전 5세기의 역사가]는 이미 그리스 신화 전설 가운데 '가장 명확하고 가장 믿을 만한 요소'만을 수집했다.[9] 헤로도토스는 개인이 역사의 추 진력이라 믿었으며,[10] 비록 그가 여전히 신탁(oracle)을 존중했지만,[11]

---

7 사마천, 「보임안서」. 『한서』 「사마천전」에 실려 있다.

8 중국 사학 중의 인문 전통에 관해서는 余英時, 『歷史與思想』(聯經出版公司, 1976년 초판), 173 – 176쪽 참조.

9 Ernst Breisach, *Historiography, Ancient, Medieval & Modern*, p. 31:
   "With the sifting of mythical accounts by Hecataeus of miletus had begun the trend to accept only accounts of the past which human reason could approve of. Decades later, Antiochus of Syracuse had searched for the 'clearest and most convincing elements' in the Greek mythical tradition."

10 Michael Grant, *The Ancient Historians*, p. 57:
   "He (Herodotus) was convinced that the individual is the driving – force of history."

11 Michael Grant, *The Ancient Historians*, p. 55. 李弘祺, 「希羅多德及其『波希戰史』」(王任 光·黃俊傑 편, 『古代希臘史研究論集』에 수록) 참조.

괴이하고 황당한 신화 전설에 대하여 비평적인 정신을 지녔다. 투키디데스는 신이 인간사의 운용에 영원히 직접적으로 영향을 끼치지 않는다고 여겼으며, 그는 단지 인류의 생활 구조가 만든 역량으로 전쟁을 해석했을 따름이다.[12] 그러므로 대체적으로 말해서 그리스 사학과 로마 사학은 인문주의적이며, "인간의 역사를 서술하고, 인간의 사업, 인간의 목적, 인간의 성패의 역사를 서술했다. 비록 신의 역량을 받아들이긴 했지만 이러한 역량의 작용은 지극히 제한적이다. 신의 의지가 역사 중에 드러난 것은 아주 드물었으며, 특히 아주 뛰어난 역사가들 중에서 인간의 의지를 보조하는 데 쓰이며, 그것은 실패의 위기 가운데서 성공을 얻게 해준다고 여겨질 뿐이다. 인간사(人間事)의 발전에 대하여, 신은 스스로의 계획이 없으며, 다만 인류의 계획에 대하여 성공을 인정하거나 실패를 기록할 따름이다. 이 또한 어째서 인간의 행위 자체에 대해 면밀히 분석하면서 성패의 이유를 발견할 수 있으며, 신들을 완전히 물리치고 인간 행동의 순수한 인격화로 대체하려 한 것이다. …… 이러한 경향의 최후의 발전은, 인간의 행위가 개별적이든 공동적이든 간에 모든 역사 사건의 인위적인 요소를 찾는 것이다. 그 아래 내재된 철학 관념은 인간의 의지는 자신의 목표를 스스로 자유롭게 선택한다는 생각이며, 그것을 추구하면서 얻은 성공은 단지

---

12 Ernst Breisach, *Historiography, Ancient, Medieval & Modern*, p. 14 - 15:
"According to Thucydides the gods never directly influenced the course of human events…. His interpretation of war and empire relied on forces which originated in the structure of human life. Passions, miscalculations, and overreaching ambitions doom humans and their accomplishments. Of gods, Thucydides felt, he need not speak."

자기의 역량과 지적 능력의 제한을 받을 뿐이며, 지적 능력이란 목표를 이해하고 아울러 성공을 얻는 방법을 생각해내는 데 쓰인다. 이것은 역사상 발생한 어떠한 일이든 인간 의지의 직접적인 결과임을 의미한다."[13]

하늘과 신의 관념이 인류의 상고시대를 뒤덮었다. 중국과 서양의 상고시대 사학은 이런 관념에서 벗어나 인문주의적 사학을 창출했는데, 이는 인류 사학의 이상적인 출발이다. 하늘과 신, 혹은 물질이 역사를 점거하면 역사는 완전히 변질될 것이며, 지녀야 할 특색과 가치를 잃어버릴 것이다.

---

13 R. G. Collingwood, *The Idea of History*, p. 40−41:

"Greco − Roman historiography as a whole ⋯ is humanistic. It is a narrative of human history, the history of man's deeds, man's purposes, man's successes and failures. It admits, no doubt, a divine agency; but the function of this agency is strictly limited. The will of the gods as manifested in history only appears rarely; in the best historians hardly at all and then only as a will supporting and seconding the will of man and enabling him to succeed where otherwise he would have failed. The gods have no plan of their own for the development of human affairs; they only grant success or decree failure for the plans of men. This is why a more searching analysis of human actions themselves, discovering in them alone the grounds for their success or failure, tends to eliminate the gods altogether, and to substitute for them mere personifications of human activity⋯. The ultimate development of this tendency is to find the cause of all historical events in the personality, whether individual or corporate, of human agents. The philosophical idea underlying it is the idea of the human will as freely choosing its own ends and limited in the success it achieves in their pursuit only by its own force and by the power of the intellect which apprehends them and works out means to their achievement. This implies that whatever happens in history as a direct result of human will."

중국어 번역은 黃宣範과 黃超民의 번역문을 참조하여 사용함(黃宣範역, R. G. Collingwood, *The Idea of History*, 번역 제목은『歷史的理念』(聯經出版公司, 1981); 黃超民은『史意』라고 번역하여 1969년 正文出版社에서 출판함).

(3)

    역사는 사람들의 역사이며, 역사를 쓰는 사람 또한 뭇사람들 가운데 일인(一人)인 역사가이다. 중국과 서양의 고대에서 역사가의 지위는 어떠했을까?

    서양 역사가 콜링우드(R. G. Collingwood, 1889-1943)는 그리스 역사가들이 오직 보고 들은 역사만을 서술한 것을 언급하면서 말한 바 있다. "이런 의미의 차원에서 말할 수 있는 것은 고대 그리스에는 역사가가 없었으며, 다만 예술가와 철학자만 존재하는데, 역사 연구에 필생의 정력을 쏟은 사람이 없었고, 역사가들은 단지 그 시대의 자서전을 쓰는 사람에 불과했으며, 자서전은 직업이 아니다."[14] 그리스가 이와 같다면, 로마 역시 마찬가지다. 서양 고대 역사가의 지위는 예술가나 철학자만큼 숭고하지 못했고, 전문 역사가는 거의 없었으며, 장군들이 갑옷을 벗고 귀향하거나 정치가들이 불현듯 생각이 떠오르면 붓을 들어 역사를 썼다. 그리하여 역사의 보존은 아주 우연적인 것이었다. 이러한 사실을 서양 근대 역사가들은 담담히 인정한다. 그들은 놀라움을 금치 못하며 말한다. "다른 어떤 민족도 중국인처럼, 연이어 끊임없이 역사가들(historical writers)을 보유한 민족은 없었다."[15] 그들도 중국역사가들이 담당한 역할이, "그 공능을 일찍이 인정받았으

---

14 R. G. Collingwood, *The Idea of History*, p. 17.
15 Hegel은 그의 명저 『역사 철학(*Philosophy of History*)』에서 이렇게 말했다. Herbert Butterfield, *The Origins of History*, p. 139에서 재인용.

며," 역사가는 더구나 "명성을 얻고 아주 독립적"이었다고 말한다.[16]

중국 고대 역사가들은 사회에서 확실히 숭고하고 독립적인 지위를 누렸으며[제2장 참조], 그 수효는 특히 상세히 헤아리기 어렵다. 그 수가 상당히 많은 사관 이외에도 거의 모든 문인 학자들이 넓은 의미에서 말하자면 모두가 역사가이다. 만약에 옛 학문이 사관에게서 나왔다는 이론을 믿는다면,[17] 육경개사(六經皆史)·제자개사(諸子皆史)의 학설은 거짓이 아니며,[18] 중국 고대의 학술은 의심할 여지 없이 사학으로 집결되고, 그리되면 역사가는 어디든 다 존재한다. 반고가 『한서』를 완성하지 못하자 그 여동생 반소(班昭)가 그를 계승했으며, 그리하여 걸출한 여성 역사가가 중국 고대에 유유히 세인들 앞에 출현했다.

"공자는 성인이었으나 『춘추』를 지으면서 여러 나라에서 곤욕을 당하고 끝내 불우하게 죽었으며, 제나라 태사씨(太史氏)는 형제가 거의 다 죽었고, 좌구명은 춘추시대의 일을 기록하여 이 때문에 실명했으며, 사마천은 『사기』를 짓고서 형벌을 받았고, 반고는 말라 죽었다. …… 사책(史冊)을 짓는 자는 인재(人災)가 있지 않으면 하늘의 형벌이 있다[孔子聖人, 作『春秋』, 辱於魯衛陳宋齊楚, 卒不遇而死; 齊太史氏兄弟幾盡; 左丘明紀春秋時事以失明; 司馬遷作『史

---

16 Herbert Butterfield, *The Origins of History*, p. 140.

17 劉師培는 「古學出於史官論」(『國粹學報』 1권 4기, 1905)과 「補史學出於史官論」(『國粹學報』 제17기, 1906) 두 논문에서 언급함.

18 六經皆史와 諸子皆史의 학설은 章學誠과 龔自珍이 가장 강하게 주장함. 자세한 것은 章氏의 『文史通義』와 龔氏의 「古史鉤沈論」을 참조.

記』刑誅; 班固瘐死. …… 夫爲史者, 不有人禍, 則有天刑]."[19] 중
국 고대 역사가들의 불운은 그 처참하기가 사람을 숙연하게 한다. 헤
로도토스, 투키디데스, 크세노폰, 폴리비우스 등과 같은 서양 그리스
시대의 몇몇 유명한 역사가들의 운명 또한 처량하여 추방되지 않으
면, 부득이 외국으로 나가 유랑했다.[20] 역사가들이 지혜를 쏟고 심력
을 다하여 붓을 들어 역사를 기록했으나, 그 운명이 처참하고 처량하
기가 이와 같구나! 그러나 "차라리 난초가 되어 꺾이고 옥이 되어 부
서질지언정, 기와 조각으로 오래 남지 않겠다[甯爲蘭摧玉折, 不作
瓦礫長存]."[21] 역사가들의 높은 품격과 곧은 절개는 천고에 칭송된
다. 중국과 서양의 고대 역사가들은 또 모두 찬란한 문재를 지녔으며,
좌구명의 필력, 반고와 사마천의 문장은 영원토록 항상 새로우며, 헤
로도토스의 문장은 온유하고 우아하며, 투키디데스의 필력은 간명하
고 힘차다.[22] 인류가 존재하는 한 그 문장들은 영원히 전해질 것이며,
이 또한 중국과 서양의 고대 역사가들에게는 무한한 위안임이 분명
하다.

19 韓愈,『韓昌黎文外集』상권,「答劉秀才論史書」.

20 Arnaldo Momigliano, *Essays in Ancient & Modern Historiography*, p. 174.
　"In Greece the 'great' historians were almost invariably excites or at least expatriates
　(Herodotus, Thucydides, Xenophon, Theopompus, Callisthenes, Timaeus, Polybius, Posidonius),"

21 劉知幾,『史通』「직서(直書)」.

22 A. D. Momigliano, The Place of Herodotus in the History of Historiography in A. D.,
　Momigliano, *Studies in Historiography*, p. 134 – 135.

참고 문헌

1. 중문 부분

(1) 전문 서적

『周易述』, 惠棟, 中華書局, 四部備要本.

『詩經』, 新興書局影印, 岳珂相臺五經本.

『尚書今古文注疏』, 孫星衍, 中華書局, 四部備要本.

『周禮正義』, 孫詒讓, 中華書局, 四部備要本.

『儀禮正義』, 胡培翬, 中華書局, 四部備要本.

『禮記訓纂』, 朱彬, 中華書局, 四部備要本.

『公羊義疏』, 陳立, 中華書局, 四部備要本.

『穀梁補注』, 鐘文烝, 中華書局, 四部備要本.

『春秋左傳詁』, 洪亮吉, 中華書局, 四部備要本.

『論語正義』, 劉寶楠, 世界書局, 新編諸子集成本.

『孟子正義』, 焦循, 世界書局, 新編諸子集成本.

『荀子集解』, 正先謙, 世界書局, 新編諸子集成本.

『新語』, 陸賈, 世界書局, 新編諸子集成本.

『潛夫論』, 王符, 世界書局, 新編諸子集成本.

『申鑒』, 荀悅, 世界書局, 新編諸子集成本.

『李耳道德經補正』, 秦維聰, 中州古籍出版社, 1987.

『莊子集釋』, 郭慶藩, 世界書局, 新編諸子集成本.

『管子校正』, 戴望, 世界書局, 新編諸子集成本.

『商君書新校正』, 嚴萬里, 世界書局, 新編諸子集成本.

『韓非子集解』, 王先慎, 世界書局, 新編諸子集成本.

『墨子閒詁』, 孫詒讓, 世界書局, 新編諸子集成.

『呂氏春秋』, 世界書局, 新編諸子集成本.

『淮南子』, 世界書局, 新編諸子集成本.

『論衡』, 王充, 世界書局, 新編諸子集成本.

『國語韋氏解』, 世界書局.

『戰國策』, 上海古籍出版社.

『古本竹書紀年輯證』, 方詩銘·王修齡, 華世出版社.

『史記會注考證』, 瀧川龜太郎, 洪氏出版社.

『漢書』, 班固, 藝文印書館, 景印長沙王氏刻本.

『後漢書』, 范曄, 藝文印書館, 景印長沙王氏刻本.

『漢紀』, 荀悅, 商務印書館, 萬有文庫本.

『文心雕龍』, 劉勰, 商務印書館, 四部叢刊本.

『全上古三代秦漢三國六朝文』, 嚴可均輯, 中華書局.

『史通』, 劉知幾, 九思出版公司.

『韓昌黎文集校注』, 馬其昶, 上海古籍出版社.

『通志』, 鄭樵, 新興書局, 影印殿本.

『郁離子』, 劉基.

『日知錄』, 顧炎武, 明倫出版社, 原抄本.

『廿二史劄記』, 趙翼, 湛貽堂原刻本.

『潛研堂文集』, 錢大昕, 潛研堂本.

『考信錄』, 崔述, 上海古籍出版社, 在崔東壁遺書內.

『文史通義』, 章學誠, 華世出版社.

『章氏遺書』, 章學誠, 漢聲出版社, 影印劉承幹嘉業堂本.

『龔自珍全集』, 龔自珍, 河洛出版社.

『中國歷史研究法』, 梁啟超, 商務印書館, 1922.

『中國歷史研究法補編』, 梁啟超, 商務印書館, 1933.

『國史要義』, 柳詒徵, 中華書局, 1948.

『漢書窺管』, 楊樹達, 上海古籍出版社, 1995.(1955년에 中國科學出版
社에서 처음 출판)

『史漢關係』, 吳福助, 曾文出版社.

『漢書新證』, 陳直, 天津人民出版社, 1959.

『偽書通考』, 張心澂, 明倫出版社, 1971.

『中國歷史要籍介紹』, 張舜徽, 湖北人民出版社, 1955.

『歷史與思想』, 余英時, 聯經出版公司, 1976.

『沈剛伯先生文集』, 沈剛伯, 中央日報, 1981.

『司馬遷撰寫史記採用左傳的研究』, 顧立三, 正中書局, 1980.

『先秦文史資料考辨』, 屈萬里, 聯經出版公司, 1983.

『原始儒家道家哲學』, 方東美, 黎明文化公司, 1983.

『史學方法論』, 杜維運, 三民書局, 1979 초판, 1987 증보 9판.

『與西方史家論中國史學』, 杜維運, 東大圖書公司, 1981.

『聽濤集』, 杜維運, 弘文館出版社, 1985.

『中國史學史論文選集』, 1-2, 杜維運·黃進興編, 華世出版社, 1976.

『中國史學史論文選集』, 3, 杜維運·陳錦忠編, 華世出版社, 1980.

『史學與史學方法論集』, 李弘祺等, 食貨出版社, 1980.

『中國上古史論文選集』, 杜正勝編, 華世出版社, 1979.

『中國史學家評傳』, 陳淸泉等編, 中州古籍出版社, 1985.

(2) 논문

劉師培, 「古學出於史官論」, 『國粹學報』 제1권 제4기, 1905.

劉師培, 「補古學出於史官論」, 『國粹學報』 제17기, 1906.

王國維, 「釋史」, 『觀堂集林』 권6.

朱希祖, 「史官名稱議」, 『說文月刊』 3권 8기, 1942.9.

勞榦, 「史字的結構及史官的原始職務」, 『大陸雜誌』 14권 3기, 1957.12.

胡適, 「說『史』」, 『大陸雜誌』 17권 11기, 1958.12.

戴君仁, 「釋『史』」, 『文史哲學報』 12기, 1963.11.

李宗侗, 「史官制度 – 附論對傳統之尊重」, 『文史哲學報』 14기, 1965.11.

沈剛伯, 「說『史』」, 『大華晚報·讀書人』, 1970.12.17.

徐復觀, 「原史 – 由宗教通向人文的史學的成立」, 『新亞學報』 12권, 1977.8.

朱雲影, 「中國史學對於日韓越的影響」, 『大陸雜誌』 24권 9-11기, 1962.5-6.

沈剛伯, 「古代中西史學的異同」, 『徵信新聞』, 1964.10.12.

沈剛伯, 「古代中西的史學及其異同」, 1965.8, 東海大學 강연 원고.

余英時, 「章實齋與柯靈烏的歷史思想 – 中西歷史哲學的一點比較」

(余英時, 『歷史與思想』).

王任光, 「波力比阿斯的史學」, 『臺大歷史系學報』 제3기, 1976.

(3) 번역서

『希羅多德波希戰史之硏究』, 李美月, 正中書局, 1977.

『古代希臘史硏究論集』, 王任光·黃俊傑 편, 成文出版社, 1979.

『西洋史學名著選』, 李弘祺 편역, 時報出版公司, 1982.

『西洋古代史參考資料』1, 邢義田 역저, 聯經出版公司, 1987.

『西方史學槪要』, 郭聖銘 편, 上海人民出版社, 1983.

『西洋史學史』, 쇼트웰(James T. Shotwell), 何炳松·郭斌佳 역, 商務印書館, 1930.

『史學史』, 반스(H. E. Barnes), 何炳松 역, 商務印書館, 1965 대만 1판.

『史意』, 콜링우드(R.G. Collingwood), 黃超民 역, 正文出版社, 1969.

『歷史的思想』, 콜링우드(R.G. Collingwood), 黃宣範 역, 聯經出版社, 1981.

『歷史論集』, 칼(E.H.Carr), 王任光 역, 幼獅文化公司, 1968.

『歷史家與歷史』, 스미스(Page Smith), 黃超民 역, 商務印書館, 1977

『西方名著提要』, 해머튼(J. A. Hammerton), 何寧·賴元晉 편역, 商務印書館, 1987.

2. 영문 부분

(1) 전문 서적

Herodotus, *History of the Persian Wars*, trans. George Rawlinson, Random House, 1942.

Thucydides, *History of the Peloponnesian War*, trans. Rex Warner, Penguin Books, 1954.

Xenophon, March into the Interior, In M. I. Finley, *The Portrait Greek Historians*, The Viking Press, 1959.

Xenophon, *The Persian Expedition*, trans. Rex Warner, Penguin Books, 1949.

Polybius, *The Histories*, trans. Evelyn S. Schuckburgh, Indiana University Press, 1962.

Julius Caesar, *The Conquest of Gaul*, trans. S. A. Handford, Penguin Books, 1951.

Julius Caesar, *The Civil War*, trans. Jane F. Gardner, Penguin Books, 1967.

Sallust, *The Jugurthine War*, trans. S. A. Handford, Penguin Books, 1963.

Sallust, *The Conspiracy of Catiline*, trans. S. A. Handford, Penguin Books, 1963.

Livy, *The Early History of Rome*, trans. Aubrey de Sélincourt, Penguin Books, 1960.

Livy, *The War With Hannibal*, trans. Aubrey de Sélincourt, Penguin Books, 1965.

Tacitus, *The Annals of Imperial Rome*, trans. Michael Grant, Penguin Books, 1956.

Tacitus, *The Histories*, trans. Kenneth Wellesley, Penguin Books, 1964.

Plutarch, *Makers of Rome*, trans. Ian Scott-Kilvert, Penguin Books, 1963.

Plutarch, *Fall of the Roman Republic*, trans. Robin Seager, Penguin Books, 1958.

Plutarch, *The Age of Alexander*, trans. Ian Scott-Kilvert, Penguin Books, 1973.

J. B. Bury, *The Ancient Greek Historians*, 1908; 1959 (Dover Publications).

G. P. Gooch, *History and Historians in the Nineteenth Century*, Longmans, 1913.

H. A. L. Fisher, *A History of Europe*, Arnold, 1936.

H. E. Barnes, *A History of Historical Writing*, Okla, 1937, Dover Press, 1962.

Allan Nevins, *The Gateway to History*, 1938; revised edition, 1962.

J. W. Thompson, *A History of Historical Writing*, Macmillan, 1942.

R. G. Collingwood, *The Idea of History*, Oxford University Press, 1946.

Marc Bloch, *The Historian's Craft*, trans. Peter Putnam, Alfred A. Knopf, 1954.

M. A. Fitzsimons, A. G. Pundt and C. E. Nowell, *The Development of Historiography*, Stackpole, 1954.

Herbert Butterfield, *Man on His Past: The Study of the History of Historical Scholarship*, Cambridge University Press, 1955.

E. G. Pulleyblank, *Chinese History and World History*, Cambridge University Press, 1955.

Fritz Stern, ed., *The Varieties of History: From Voltaire to the Present*, Meridian Books, 1956.

J. Barzun and H. F. Graff, *The Modern Researcher*, 1957; revised edition, Harourt, Brace & World, 1970.

Burton Watson, *Ssu-ma Ch'ien: Grand Historia of China*, Columbia University Press, 1958.

E. H. Dance, *History the Betrayer: A Study in Bias*, Hutchinson, 1960.

W. G. Beasley & E. G. Pulleyblank, ed., *Historians of China and Japan*, Oxford University Press, 1961.

E. H. Carr, *What is History?* Macmillan, 1961.

Louis Gottschalk, ed., *Generalization in the Writing of History*, The University of Chicago Press, 1963.

M. L. W. Laistner, *The Greater Roman Historians*, University of California Press, 1963.

F. E. Adcock, *Thucydides and His History*, Cambridge University Press, 1963.

Alan Richardson, *History Sacred and Profane*, 1964.

Page Smith, *The Historian and History*, Knopf, 1964.

Arnold J. Toynbee, *Greek Historical Thought*, Mentor Books, 1965.

A. D. Momigliano, *Studies in Historiography*, Weidenfeld & Nicolson, 1966.

W. P. Henry, *Greek Historical Writing*, Argonaut Inc., 1966.

G. K. Clark, *The Critical Historian*, Heinemann, 1967.

G. R. Elton, *The Practice of History*, Cambridge University Press, 1967.

John Lukacs, *Historical Consciousness*, Harper, 1968.

B. C. Shafer, ed., *Historical Study in the West*, Appleton, 1968.

C. A. Robinson, ed., *Selections from Greek and Roman Historians*, Holt, Rinehart and Winston, 1968.

Stephen Usher, *The Historians of Greece and Rome*, University of Oklahoma Press, 1969.

J. H. Plumb, *The Death of the Past*, Macmillan, 1969.

Arthur Marwick, *The Nature of History*, Macmillan, 1970.

Michael Grant, *The Ancient Historians*, Weidenfeld & Nicolson, 1970.

E. H. Dance, *History for a United World*, Harrap, 1971.

Sir H. Butterfield, Cho Yun Hsu & William H. McNeill on *Chinese and World History*, The Chinese University of Hong Kong, 1971.

M. M. Postan, *Fact and Relevance*, Cambridge University Press, 1971.

Peter Gay, ed., *Historians at Work*, Harper & Row, 1972.

Peter Gay, *Style in History*, Jonathan Cape, 1974.

Beryl Smalley, *Historians in the Middle Ages*, Thames & Hudson, 1974.

M. I. Finley, *The Use and Abuse of History*, Chatto & Windus, 1975.

A. D. Momigliano, *Essays in Ancient & Modern Historiography*, Blackwell, 1977.

Herbert Butterfield, *The Origins of History*, Basic Books, 1981.

M. A. Fitzsimons, *The Past Recaptured: Great Historians and the History of History*, University of Notre Dame Press, 1983.

Michael Crawford, ed., *The Sources for Ancient History*, Cambridge University Press, 1983.

Ernst Breisach, *Historiography, Ancient, Medieval & Modern*, The University of Chicago Press, 1983.

Dzo Ching-Chuan, *Sseu-ma T'sien et C'historiographie Chinoise*, Publications Orientalistes de France, 1978.

(2) 논문

Leopold von Ranke, Preface: Histories of the Latin and Germanic Nations from 1494-1514, in Fritz Stern's *The Varieties of History*.

Herbert Butterfield, History and Man's Attitude to the Past, in *Listener*, 21 September, 1961.

Herbert Butterfield, The History of the East, in *History*, vol. XLVII No. 160, June, 1962.

Herbert Butterfield, Universal History and the Comparative Study of Civilization, in Sir Herbert Butterfield Cho Yun-Hsu & William H. McNeil on *Chinese and World History*.

M. I. Finley, Generalizations in Ancient History, in M. I. Finley, *The Use and Abuse of History*.

Arnald Momigliano, History and Biography, in Moses Finley, ed., *The Legacy of Greece: A New Appraisal*, Oxford University Press, 1981.

中西古代史學比較
중국과 서양의 고대사학 비교

초판 1쇄 발행일 2017년 1월 19일

지은이 두유운
옮긴이 이준희
펴낸이 박영희
편집 김영림
디자인 박희경
마케팅 임자연
인쇄 · 제본 태광인쇄
펴낸곳 도서출판 어문학사
　　　서울특별시 도봉구 쌍문동 523-21 나너울 카운티 1층
　　　대표전화: 02-998-0094/편집부1: 02-998-2267, 편집부2: 02-998-2269
　　　홈페이지: www.amhbook.com
　　　트위터: @with_amhbook
　　　페이스북: www.facebook.com/amhbook
　　　블로그: 네이버 http://blog.naver.com/amhbook
　　　　　　다음 http://blog.daum.net/amhbook
　　　e-mail: am@amhbook.com
　　　등록: 2004년 4월 6일 제7-276호

ISBN 978-89-6184-430-7 93900
정가 15,000원

이 도서의 국립중앙도서관 출판예정도서목록(CIP)은 e-CIP홈페이지(http://www.nl.go.kr/ecip)와
국가자료공동목록시스템(http://www.nl.go.kr/kolisnet)에서 이용하실 수 있습니다.
(CIP제어번호: CIP2017000625)

※잘못 만들어진 책은 교환해 드립니다.